驾校经营管理三部曲

驾校经营方略

第 2 版

南新华　编著

机械工业出版社

随着驾考、驾管新政策的颁布实施，驾校的转型期已经来临。转型的标志是由高速发展向平稳发展转变，增长方式由外延扩张（驾校升级、教练车扩容）向内涵增长（内强管理、外塑形象）转变，管理模式由粗放型（一车多人，学员由教练员安排管理）向精细型（不同服务套餐）转变，发展趋势由市场导向型（价格控制招生）向能力导向型（强调质量和品牌）转变。老路走不通，新路不会走，这就是变化转型期的痛苦所在。

变还是不变？如何变？这是驾校老板们的苦恼，也是驾驶培训和驾校管理研究者的责任。本书分为九章，出发点和落脚点就是在阐述"变"的趋势、"变"的内容、"变"的方法。第一、二章讲"变"的趋势，第三章到第八章讲"变"的内容、"变"的战术、"变"的方法，第九章权作"变"的参考。

图书在版编目（CIP）数据

驾校经营方略 / 南新华编著. — 2版. — 北京：机械工业出版社，2021.2

（驾校经营管理三部曲）

ISBN 978-7-111-67292-0

Ⅰ.①驾⋯ Ⅱ.①南⋯ Ⅲ.①汽车驾驶员 – 培训 – 学校管理 – 中国 Ⅳ.①U471.3

中国版本图书馆CIP数据核字（2021）第014801号

机械工业出版社（北京市百万庄大街22号 邮政编码100037）
策划编辑：赵海青 谢 元 责任编辑：赵海青 谢 元
责任校对：李 婷 责任印制：张 博
三河市国英印务有限公司印刷
2021年4月第2版第1次印刷
169mm×239mm・13.75印张・174千字
0001—2000册
标准书号：ISBN 978-7-111-67292-0
定价：69.00元

电话服务 网络服务
客服电话：010-88361066 机 工 官 网：www.cmpbook.com
　　　　　010-88379833 机 工 官 博：weibo.com/cmp1952
　　　　　010-68326294 金 书 网：www.golden-book.com
封底无防伪标均为盗版 机工教育服务网：www.cmpedu.com

丛书前言

初心与梦想

研究驾校经营管理是我人生规划中的一次意外，没想到这个意外决定了我职业生涯的后半程。

2005年，已过不惑之年的我，陷入了一次重要的人生思考：在国企、外企担任中高级管理人员研究企业管理20多年的我，难道要打一辈子工？不行，我要研究民营企业，日后成立一个管理咨询公司，为当地民营企业从家族化、作坊式的管理向公司化管理提升转变提供助力与服务。基于这一想法，我毅然辞职，来到了因学车而结缘的一所当地驾校，做起了职业经理人。

"以研究的心态做好工作，在帮助别人实现价值中来实现自己的价值。"这句话长期以来一直是我工作的座右铭，来到驾校后依然如此。工作一段时间后，我发现驾校经营管理的关键是提升教练员的素质。这些文化程度不高、驾驶员出身的教练员，大多数没有受过系统的职业培训，只有提升了教练员的素质才能提升驾校的竞争力。我将以往担任宣传处长、法律事务办公室主任、公司经理、资本运营部部长等职务时积淀下来的管理知识和经验，与主持驾校工作中所发生的棘手问题、矛盾冲突等大量鲜活案例总结归纳到一起，以工作笔记为素材，用了三年的时间，于2008年写出了《驾校教练员的五项修炼》，一波三折后终于出版，不料这本书竟填补了空白，成为"国内关注驾校教练员职业素质提升的首本著作""驾校教练员培训第一书"。

《驾校教练员的五项修炼》的出版得到驾校投资人和广大教练员的好评，这给我带来了荣誉和机会，于是我组建团队并成立了公司，专门从事驾校经营管理的研究，由过去只为一所驾校服务到为众多驾校服务。从2009年初到2012年的四年间，我考察了国内500多所驾校，研究的重点已从教练员素质提升转变为驾校严密的质量控制体系、完善的学员服务体系、立体的市场营销体系和特色文化体系的构建，旨在解决有了职业化的员工队伍基础后，如何进行科学化管理的问题，给"草根创业""商人转行""教练校长"等投资驾校的老板们提供一个经营管理的工具，使他们从摸着石头过河、跟着感觉走，到掌握驾校内部管理的规律。于是就有了"三部曲"中第二本书《驾校经营方略》的写作与出版。

2015年以后，随着驾培改革紧锣密鼓的脚步，国内驾培市场风云突变，我感觉到"山雨欲来风满楼"——驾培市场的动荡不可避免。于是写下了《中国驾培市场正在发生颠覆性的变化》一组六篇文章，从供求关系、收费模式、招生模式、培训模式、考试模式和运营模式这六个方面论述驾培市场的变化方式，也正是以这六篇文章为标志开始了对驾培行业的研究。在驾培行业，价格战、挂靠经营、合作共赢、互联网的冲击，不管喜欢还是不喜欢，这些回避不了的问题，统统成了研究的课题。这些研究伴随着市场的脉搏，顺应着驾校的需求，推动着我不断思考，最终写成了《驾校转型启示录》。至此，驾校经营管理三部曲终于圆满完结。

在这三部曲中，《驾校教练员的五项修炼》是"坐家"而作，功劳手大于脚；《驾校经营方略》是"出家"而作，辛苦脚大于手。《驾校转型启示录》是"高坐"而作。所言"高坐",乃指高空、高铁、高堂(在家陪伴高堂老母之时)之作。三部曲写我所做,讲我所写,来源于实践,回过头来指导实践,从实践经历的"知道",到总结归纳的"悟道",再到各地讲课的"布道",这就是我十几年来"意外"的职业轨迹。

从研究驾校经营管理的一个侧面,到研究驾校经营管理的整体,再延伸到对驾培行业的研究,我的体会可归结为一句话:驾培行业是一个关系到人民生命财产安全的实用技能型培训行业,能否回归教育本质,不仅要不忘初心,牢记使命,还要有梦想:

有车有"照"是您的梦,
开好开稳是我的梦。
安全交通、文明交通是大家的梦!

丛书前言

目录

第一章 / 形势篇

第一节　我国驾驶培训发展的历程 ...002
　一、我国驾驶培训的历史渊源 ...002
　二、我国汽车驾驶培训发展历程 ...003
　三、驾校市场竞争的三个阶段 ...005

第二节　我国驾培市场面临的挑战 ...008
　一、行业微利化的挑战 ...008
　二、市场无序化的挑战 ...009
　三、服务个性化的挑战 ...010
　四、驾管驾考新政策的挑战 ...012

第三节　我国驾培市场面临的机遇 ...014
　一、汽车业的快速发展是机遇 ...016
　二、驾培行业的低起点是机遇 ...017
　三、驾校升级扩容是机遇 ...018
　四、危机面前是机遇 ...019
　五、新的政策出台是机遇 ...020

第四节　挑战与机遇中的对策 ...021
　一、在适应中生存 ...021
　二、在差异中做强 ...024
　三、在创新中发展 ...026

第二章 / 战略篇

第一节　要正确进行战略定位，把握好企业的发展方向 ...030
　一、社会效益与经济效益的关系 ...031
　二、做强与做大的关系 ...033

三、今天与明天的关系 ...035

　　四、自主经营与承包经营的关系 ...036

第二节　要知道自己的"短缺元素",抓住主要矛盾 ...040

　　一、自主招生率低——广告投入不低 ...042

　　二、合格率低——教练员的收入不低 ...042

　　三、招生价格低——培训成本不低 ...043

第三节　要避免驶入"战略误区",时刻保持清醒的头脑 ...044

　　一、驾校经营管理中的误区 ...044

　　二、中小型国有驾校的几种"死"法 ...047

　　三、民营驾校的几种"死"法 ...049

第三章 / 校长篇

第一节　做一名"五项全能"的校长 ...052

　　一、打造队伍,提升员工素质的能力 ...053

　　二、掌控队伍,提升内部管理的能力 ...054

　　三、科学训练,提升考试效率的能力 ...055

　　四、全员营销,提升招生价量的能力 ...055

　　五、构建文化,提升企业品牌的能力 ...056

第二节　做一名"敢管"与"善管"的校长 ...060

　　一、"善管"要从思想管理入手 ...062

　　二、"善管"要当善于处理好三者利益关系的校长 ...063

第三节　做一名会系统掌控工作的校长 ...065

　　一、驾校管理是个系统工程 ...065

　　二、系统管理要从构建组织体系开始 ...067

　　三、系统管理要有数字概念 ...071

第四章 制度篇

第一节 驾校制定制度应遵循的原则 …074
 一、"恶法胜过无法",没有制度是不行的 …075
 二、"木匠造枷枷木匠",制定制度要走群众路线 …075
 三、"三大纪律八项注意",制定制度要循序渐进 …076

第二节 驾校执行制度应注意的问题 …078
 一、不断学习领会制度 …079
 二、领导带头引领制度 …080
 三、典型案例强化制度 …081
 四、经常检查落实制度 …082
 五、坚定不移规范制度 …083

第五章 教练篇

第一节 机动车驾驶教练员队伍的由来和现状 …086
 一、职业培训不足 …088
 二、职业形象欠佳 …090
 三、职业认同不高 …091

第二节 机动车驾驶教练员的招聘与培训 …092
 一、教练员的招聘——选矿石 …093
 二、教练员的培训——冶炼 …097

第三节 机动车驾驶教练员日常管理及考核 …102
 一、薪酬设计,利益驱动,从收入多少上分出高低 …103
 二、指标考核,末位淘汰,从得分多少上分出上下 …106
 三、制定标准,画出图像,从日常行为上分出优劣 …110

第四节 提升教练员队伍素质的方法和途径 …111
 一、发挥企业的作用,让教练员在持续培训中不断提高素质 …112
 二、发挥行业的作用,让教练员在职培训切实发挥作用 …115
 三、发挥社会的作用,让优秀的后备力量进入教练员队伍 …117

第六章 培训篇

第一节 培训模式 …122
一、"流水线"培训法的优点 …123
二、"流水线"培训法的缺点 …124
三、实行"流水线"培训法的条件 …125
四、"一条龙"培训法的优点 …126
五、"一条龙"培训法的缺点 …128

第二节 培训效率 …129
一、训练问题 …129
二、管理问题 …130
三、考试问题 …132

第三节 培训安全 …134
一、驾校要挣钱,首先讲安全 …134
二、驾校安全事故的四大原因 …136
三、驾校安全体系建设的五个环节 …142

第七章 营销篇

第一节 驾校服务套餐构成要素、种类及内容 …148
一、训练车辆因素 …150
二、教练员的因素 …150
三、教学训练模式因素 …151

第二节 春节后"黄金月"招生的特点及方法 …152
一、文化战 …153
二、全民战 …153
三、重点战 …154

第三节 "暑假班"招生的特点与方法 …155

第四节 全员招生活动的组织与注意事项 …158
一、为什么要搞全员营销与招生 …158
二、全员营销与招生的方法与注意事项 …160

第八章 文化篇

第一节 企业文化的内涵 …164
一、一条深刻的管理谚语——人管人治死人，制度管人困死人，文化管人管灵魂 …166
二、一句通俗的文化定义——企业核心竞争力具有"偷不去，买不来，拆不开，带不走，溜不掉"的特点 …167
三、一个著名的演讲"亮剑精神"——军魂是怎样形成的 …168

第二节 驾培行业企业文化的构成要素 …169
一、驾培行业是教育行业，因此要有教育行业文化的特点 …169
二、驾培行业是商业性服务行业，因此要有服务行业的文化特点 …173
三、驾培行业是危险行业，要纪律严明有军队的特点 …175

第三节 驾校企业文化构建的方法与步骤 …177
一、企业文化的确立 …178
二、企业文化的实施 …181

第九章 国外篇

第一节 英国汽车驾驶培训 …188
一、考驾照难，难于考托福 …188
二、中英驾照考试——不同的方式、不同的效果 …190
三、中英交通文明的差距："让"与"抢" …192
四、"马路驾校"怎样培养出"马路绅士" …193
五、莫妮卡——一个以驾培为事业的女教练 …195

第二节 日本汽车驾驶培训 …197
一、安全意识很强 …197
二、心理测试很细 …198
三、服务意识很浓 …199
四、培训要求很严 …200

第三节 其他国家汽车驾驶培训 …201

一、德国驾驶培训回炉制度使得人人成为最佳驾驶人　　...201

二、美国成人学驾驶首先要参加"防毒品和酗酒学习班"　...203

三、新加坡路考中考官会设置很多陷阱　　...203

附录　南新华驾校经营管理咨询团队培训班简介　　...205

第一章

形势篇

古语道："不谋万世者，不足谋一时；不谋全局者，不足谋一域。"驾校已经由昨天的"向阳花"，变成了今天的"苦菜花"，"求学"的时代、"肉多狼少"的时代、"千军万马过独木桥"的时代，已经一去不复返了。面对行业的微利化、市场的无序化、服务的个性化，我们必须认清形势，更新观念，抓住机遇，应对挑战，在适应中生存，在差异中做强，在创新中发展，从价格博弈的死缠烂打中冲杀出来，取得服务战、文化战的决定性胜利。

第一节
我国驾驶培训发展的历程

一、我国驾驶培训的历史渊源

1901年，直隶总督袁世凯为了讨好慈禧，用1万两白银购进一辆第二代奔驰小轿车作为慈禧六十大寿的贡礼送给了慈禧太后。自此，中华大地上就有了第一辆汽车，而慈禧的马车夫孙富龄也成了我国第一位汽车驾驶员。

1903年，美国产奥斯莫比尔汽车进入我国，领得第一号汽车行驶牌证，其所有者为上海富商，这也是我国民间第一辆汽车。

1931年5月31日，在张学良的同意和推动下，军工转民用的奉天迫击炮厂历时两年终于试制成功了民生牌75型1.8吨载重汽车。这辆车除少数部件，如发动机曲轴等是委托国外厂家依照本厂图样代制外，其余部件均由本厂自制，这是我国试制的第一辆国产汽车。

1956年7月13日，在苏联的全面援建下，解放牌汽车从长春第一汽车制造厂流水装配线上开出，这是我国批量生产的第一辆汽车。

二、我国汽车驾驶培训发展历程

有汽车就要有人开汽车，有人开汽车就要有人培训汽车驾驶。慈禧的马车夫孙富龄是怎样学会驾驶技术的我们不得而知，但此后在这长达一个多世纪的漫长历程中，中国汽车驾驶培训从无到有，从少到多，大致经历了三个阶段。

1. 汽车驾驶培训的"拜师学艺"阶段——新中国成立前

资料记载：截至1949年，我国公路通车里程只有8.09万km，民用汽车保有量仅有5.09万辆。5.09万辆是什么概念？那就是说汽车是高档奢侈品，只有少数人才有；就是说，汽车驾驶员是稀缺而珍贵的，相当于现在飞行员的地位。那时谁若掌握了汽车驾驶技术，在生活上不仅可以衣食无忧，而且还可以买房置地。

新中国成立前没有驾校，民间要学习汽车驾驶只有拜师学艺——求学。拜师学艺不是人人都有的机遇，这既要看缘分，还要社会上有身份的人推荐，不仅要送厚礼，还要举行拜师仪式。拜师后，师徒关系形同父子。因为，自古以来我们中国人就恪守"一日为师，终生为父"的观念。那时，师傅打徒弟、骂徒弟都是很正常的，徒弟不仅要忠厚孝顺，更需耐得坐三年冷板凳的寂寞，徒弟给师傅送礼、打杂干活也是应该的。别说学习汽车驾驶这么高级的技艺，就是学习普通的技艺，师徒关系也大致这样，因为教授徒弟技艺就是施恩于徒弟，教会了徒弟，也就意味着师傅增加了一个竞争对手，意味着师傅的"稀缺性"又打了一个折。这就是我国几千年来师傅总要留一手的原因。

2. 汽车驾驶培训的"计划垄断"阶段——1949—2004年

在这漫长的半个多世纪，大部分时间我国的经济体制是计划经济，所有制形式是以公有制为主体，自然这一时期的驾驶培训也是在"计划"和"公有"的框架内运行的。那时的驾校，无需考虑招生、品牌、服务的问题，只要抓好培训质量、培训安全、培训成本就行。虽然20世纪90年代发生了一些变化，但由于"社会化办学"还没有放开，因此那时的驾校没有多少竞争，日子都很好过。

3. 汽车驾驶培训的"社会化办学"阶段——2004年至今

2004年4月30日至7月1日间，我国有关部门公布和颁发了《中华人民共和国道路交通安全法》《中华人民共和国道路运输条例》和《预防道路交通事故"五整顿""三加强"实施意见》。这些法规文件，确立了机动车驾驶培训实行社会化的原则，规定了驾校准入条件和等级划分标准。这标志着我国的机动车驾驶培训进入了社会化办学、市场化竞争的阶段。

这一时期，公有制驾校逐渐淡出了市场，民营驾校成为驾培市场上的主力军。由于我国经济的快速发展和汽车工业的长足进步，汽车已开始大量进入普通百姓家，驾培市场也进入了充分的市场化竞争阶段。

社会化办学、市场化竞争使以往驾校的经营管理模式发生了根本性的变化：为了生存发展，驾校要千方百计地满足学员的需求，"求"着学员来报名学习；为了掌握驾驶技术，学员已无须"拜师学艺""求学"了，无须在教练面前低声下气、逆来顺受了，学员成了消费者；为了保住饭碗，体现价值，教练员也由旧时的"师傅"，变成了现在的技能型老师，变成了服务员。

三、驾校市场竞争的三个阶段

市场竞争自然有市场竞争的规律与法则,2004年以来,从沿海到内陆,从中心城市到偏远县城,各地驾校间大都经历了三个阶段:

1. 硬件的竞争

许多新建的驾校无不尽其财力建设好、美化好自己的训练场地,高标准配套好办公生活设施,购买新车、新教具,使其一诞生就给学员留下好的印象,以便在市场中占有一席之地。老驾校也不得不从盈利中抽出部分资金逐年改善已经落后的硬件设施,使其与新驾校之间的距离不被拉大,市场份额能够得以保持。而那些训练场地简陋标准低,训练车辆破旧不好用,附属设施落后不齐全的驾校,其生源则逐渐减少。

平顶山市交通局驾校1994年建校。这所驾校曾经有过辉煌的历史,2003年之前,他们在平顶山驾培市场上占有半壁江山。然而,后来这所驾校训练场地设施陈旧,场地上很多地方破损严重,裸露出石子,以致对教练车的轮胎造成严重磨损。驾校的主要教练车"黑豹"皮卡早已"超期服役",很多车辆座椅不能调整,方向盘间隙较大,发动机全部有渗漏现象,很多车辆配件不好购买。落后的硬件设施,再加上管理体制上的问题,使得这所驾校一落千丈。

2. 价格的竞争

现在驾校硬件设施相差不大:你有标准的训练场,我有规范的练车场;你有桑塔纳,我有捷达;你有宿舍食堂,我有班车接送。在此情况下,价格竞争势所必然。于是,许多地区驾培市场价格战狼烟四起,拼得你死我活,至今还有许多驾校深陷在价格战的泥潭里，苦苦挣扎。山东德州市有个县，2011年只有两所驾校。而就这两所驾校，也刀刀见骨地打起了价格战，直打到招生价格低于了2000元（包括给交管部门代收的700元考试费）仍不收兵。

打价格战很像蜜蜂蜇人，虽然给别人带来痛苦，但自己也付出了代价，结果自然是得不偿失。既然如此，为何许许多多的驾校甘愿付出这惨重代价，飞蛾扑火般地大打价格战呢？价格是价值的反映，许多驾校在不会打质量战、服务战的情况下，怎能不打价格战呢？其实，打价格战实在是无奈之举、无能之举。

先说打价格战为何是无奈之举。现在驾校众多，绝大部分驾校靠低价来吸引学生，在一片降价的狂潮之下，你不降价只有死路一条，眼睁睁地看着学员跑到其他驾校，自己只有饿死的份，所以你降我也降。就像前些年微波炉行业的格兰仕和美的，为了最大限度地占领市场，不惜进行零利润甚至负利润销售，你降价100，我就送价值150元的赠品，结果是两败俱伤。后来才发现，共同携手把市场做大，开发微波炉更多的用途和得到消费者的认可才是上策。遗憾的是，目前陷入价格战的驾校并没有意识到这一点，不是苦练内功共同把蛋糕做大，而是利用价格互相伤害，全然不顾自己已有性命之危。

再说打价格战为何是无能之举。随着驾培市场的发展，很多有识之士在驾校的软硬件设施上下足了功夫。这些驾校的管理者抓住了全民学车热的机遇，在对教练员的管理培训、考试设备及场地方面舍得投资，如北京的东方时尚驾校、江西南昌的蓝天驾校、吉林长春的汇通驾校等，就属这一类型。这些驾校，经过自身努力形成了自己的核心竞争力和品牌辐射力。他们不打价格战，既是自信的表现，也是其发展已步入良性循环的标志；他们不打价格战，既是对学员、对社会负责的表现，也是对驾培市场良性发展的贡献。

相反，那些只图眼前利益、对驾校管理不做长远规划的小作坊，不是在内部管理上下硬功，培养既专业又敬业的员工队伍，塑造自己的品牌形象，而是两眼死死盯住价格，别无它为。结果，没有能力打质量战、服务战和文化战，只能单一地打价格战。殊不知，消费者越来越趋于理性，就是学车，大家也会考虑性价比，因为这毕竟是性命攸关的大事。所以说，打价格战是无能之举。眼前看可能会捡到一点儿残羹冷炙，长远看是一条险路，最终自己无法保身。从驾培市场的全局看，互打价格战是一个愚蠢的"搅局"之举，只能把驾培市场搅得混乱不堪。

3. 服务的竞争

大多数消费者是理性的，在驾校同质化严重，品牌驾校尚未脱颖而出之时，学员肯定要比较价格，当有的驾校质量优势、服务优势明显时，学员能够接受价格上的差异。因此，许多驾校从建校开始就在服务理念、服务措施上下足功夫，不在价格上纠缠。

北京丰顺驾校论硬件在北京不是最好的，场地、办公、后勤比不上东方时尚驾校，就是与公交驾校、海淀驾校相比，也有距离。但是，丰顺驾校做精不做大，服务一流，因此他们的招生一直很稳定。

北京远航驾校紧邻京海考试场，那是一个驾校成群的地方。远航驾校把"学员的需要就是我们工作的重点，服务好学员便是我们工作的动力，学员的满意就是我们追求的方向"作为企业的核心价值观。在此基础上，他们又提出了"提升服务品质的八大观念"和"处理学员投诉的五大观念"。

"提升服务品质的八大观念"是：学员的报名不是生意的结束，而是赚钱的开始；学员报名买的不仅仅是驾照，而是真正的技术，是学车的乐趣和感觉；学员的问题是驾校工作永恒的主题；招心比招生更重要，用心服务是最好的招生技巧；招生就是服务，服务就是对学员的爱；每个学员都是一片市场，都是我们人生的伙伴和财富的源头；学员是明星，市场是上级；忘记利润，为使命而服务，巨大的利润会随之而来。

"处理学员投诉的五大观念"是：学员的投诉是学习和完善自我的机会；学员的投诉是给驾校改进服务方式最好的回馈；把学员的投诉当成正在收集的服务案例；学员的投诉是驾校成长的导师和教练；学员的投诉过程是构建学员满意度的和忠诚度的过程。在北京的驾校中，远航驾校是起步较晚的，也算不上是上乘的，但他们的这些服务理念和他们在服务中的不断追求，肯定是他们在今天的竞争中得以生存、在明天的竞争中得以发展的法宝。

第二节
我国驾培市场面临的挑战

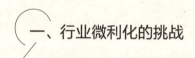

一、行业微利化的挑战

随着世界经济一体化进程的加速，无论是传统产业，还是高科技产业，产品的利润无一例外都在下降，生意越来越难做，这是所有人的共识。可以说，一夜暴富的行业和项目已不复存在。无论哪个行业，只要利润空间稍大，就必然会导致大量资本短时间内迅速进入，利润空间逐渐缩小，整个经济已进入微利时代。进入微利时代，经营者如何应对？除了赚钱的思路、观念需要及时进行调整、转变、更新外，还要讲究赚钱的方式、方法。英国实业家李奥·贝尔根据自己的经验，结合时代的特点，把微利时代赚钱的要点概括为六字法则，即"预测、差异、创新"，这六字法则是他在微利时代常胜的武器，也是我们当今创业、打开"微利时代"赚钱之门的金钥匙。

驾培行业亦是如此。在2004年，驾培行业还排在生物制药、通信技术、房地产等行业之后，被列为十大暴利行业。而现在，驾培行业已今非昔比，利润大大缩水了。如今，油料成本、广告促销成本几乎翻番，配套服务成本、员工工资成本大幅上升。许多地区的驾校为了吸引学员，只好顶住训练和考试难度不断加大、考试周期不断延长的巨大压力，对学费进行大幅下调。这样，致使驾校成本上升、利润下降。在此背景下，粗放式经营只能死路一条。要应对这一局面，培训模式必须严格标准，培训周期必须严格限期，培训油料必须严格限量，并要切实实行规模化经营，在细节上做文章。驾校精细化管理的时代已经来临。

二、市场无序化的挑战

从各国经济发展规律来看，当一个国家经济社会发展处在人均GDP1000～3000美元的关键阶段时，相对应的是，这个国家也处在一个社会矛盾凸显期。我国经济社会正处在急剧转型期，一些旧的规则面临失效，一些新的规则尚未完全确立，人们的思想观念、思维方式、价值取向、道德标准等都在发生变化，深层次矛盾凸显，新问题大量涌现，社会生活更加复杂。这些现象在驾培行业里也必然反映出来。

在允许社会化办驾校的初始阶段，在残酷的市场竞争中，我国驾培市场上曾出现了许多不和谐、令业内人士深为忧虑的现象，突出表现在三个方面：一是挂靠培训——把"黑驾校"变成"白驾校"。许多汽车驾驶培训个体户买上一辆或几辆车，找上一家合法驾校挂靠，交上数额不等的管理费，便自招自培，当起了"驾培小老板"。"小老板"由不合法变成了"半合法"自然高兴，"驾培大老板"也沾沾自喜，自以为是用活、用足政策，是充分利用资源搞活经营，是无本生意白手拿鱼。岂不知，他们这样做已把自己推上了火山口，一旦"小老板"出现交通事故，二者就是一根绳上的蚂蚱，便跑不了、走不开，甚至要比"小老板"承担更多的法律责任。因为学员是你的学员，赔偿你应首当其冲；一旦驾校主管部门查到挂靠的现象，轻则罚款整顿，重则可能吊销驾驶培训许可证。二是车辆外训——把"整驾校"变成"零驾校"。有些驾校面对残酷的市场竞争，不是苦练内功，打造自己的核心竞争力，而是走所谓的捷径，把训练车辆卖给或租给教练员。于是，教练员便纷纷离开规定的训练场地和路线，各自为战，遍地开花，到处建立自己的根据地，"马路驾校"便由此而生，招生价格、训练质量完全由自己说了算。三是超低价招生——把驾驶培训单位变成驾驶中介机构。还有的驾校招生价格低得不能再低，基本上是考试费再加上几百元的所谓管理费，学员报名后基本上不予训练，完全靠学员自练，驾校只负责组织考试。上述现象是危害我国驾培市场的三颗毒瘤，毒瘤不除，我国驾培市场便不能健康发展，毒瘤不除，"马路杀手"还会批量出现。

三、服务个性化的挑战

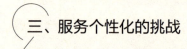

学车江湖

　　弟子们一批批地来，又一批批地走了。在这四季变换、晴雨交替的教考场上，只有我像个路边客栈的店主老头，迎来送往，在守望与回忆中度着我的光阴——这就是我的岁月，我的江湖！

　　弟子们来自东西南北，有的是慕名而来，更多的是经人推荐而来。我不主动问他们来自何处，有过怎样的人生经历，我会毫不挑剔地收留每一个人。因为，我只是个本分的民间授艺人。弟子们尊我为师，对他们一视同仁是我的态度；弟子们奉上银子，言传身教是我的责任。我无须仔细辨别他们的人品。按我朴素的看法，弟子中不会出现坏人。无论他们在江湖上扮演着怎样的角色，来我这里学艺，在我这世外桃源般的驿站，就暂时告别了他们固有的圈子，放下了他们常有的戒备，人与人之间的关系因无利益纷争而变得融洽。

我很享受这种融洽的人际关系，它能带给我和弟子们快乐。在相处的数十天中，我们从陌生到熟悉，从客气到随意，再到后来无所顾忌地高谈阔论，点评天下风云，臧否江湖人物。我也会对他们讲我所知道的江湖规矩的变化，讲十年前的学艺环境，讲在那样环境下为师者的尖刻与贪婪。谈得多了，也不免会谈到各自人生的境遇，藏于内心的情绪会自然流露出来，让我暗暗感叹每个人的人生都是一本经典的书，得和失、乐与痛是一对孪生兄弟：那个每天有宝马7系接送的亿万财主，讲他辛酸的创业史，也忍不住痛哭流涕；那个一身黑皮拖煤为生的小弟，谈起他的父母兄弟，却显露出幸福无比！

天下真的没有不散的筵席，如同快乐与痛苦一样，都会有结束。我这里只是他们人生旅程中路过的客栈，他们终归还要上路去走他们后面的路。走了的弟子很少会回来，甚至绝大多数弟子会从此杳无音信。我不会怪他们忘记了我，换了我，我也不会将人生中的每一个客栈变成旅途中的羁绊。可是，我会常常思念他们，习惯于对着花名册重温与他们共同有过的旧时光。每逢佳节，我会一条条地发出短信。此时，我仿佛看到电波带着我的思念和祝福传递到了四面八方，着陆于每一位弟子的心上！

这就是我的江湖，迎来送往。正因为对送往的人和时光的不舍，我便更珍惜眼前和今后迎来的人和时光！

驾校经营方略　第 2 版

《学车江湖》是湖北省宜昌市梁树祥教练的一篇博文。这位来自一线的教练员，描写了他为不同阶层、不同背景、不同经历的学员服务的感受。20世纪驾校的学员学车的动机大多不是为了储备一种技能，而是为了一份职业，学车的人大多为年轻的男士。因此，训练这些学员相对要容易得多。如今的学车族，已由过去的单一，变成现在的多元。正像梁教练所写的那样，你的学员中可能有大款、领导、高知，也可能有打工仔，甚至还会有刑满释放者。这些学员，由于他们宗教信仰、受教育的程度、经济收入、社会地位、成长背景、人生价值观的不同，对教练员的要求也不同。学会与这些形形色色的人打交道，并保持好良好的沟通，顺利地完成教学训练课程，不是一件轻松容易的事。驾校与每位教练员都应共同面对着这些挑战。

四、驾管驾考新政策的挑战

2012年末，我国驾培行业开始经历严冬的考验。随着新的驾考、驾管政策不断出台，以《机动车驾驶培训教学与考试大纲》和《机动车驾驶证申领和使用规定》修订为标志，我国驾培行业的转型大势已经来临。大势当前，许多中小驾校感到了生存危机。

在挑战面前，有的驾校积极应对，以此为契机，把危机当作动力，化危为机。内蒙古兴安盟金立驾校在元旦前后放弃考试计划，学员停训放假，员工封闭培训，驾校管理层、客服人员和教练员三个培训班同时进行。校长王小冬认为：宁可利润受损失，也要全力搞好培训。用培训迎接变化的到来，是面向未来的最好方式。培训也是我们转变由过去的以招生为导向，到现在的以质量和品牌为导向的经营模式的开始。

在挑战面前，有的驾校彷徨、困惑、焦虑：如何适应新的驾考、驾管政策？如何顺利实现经营管理模式的转型从而减少阵痛？明天会如何？于是，许多中小驾校抱团商量对策。2013年1月6日至11日，我在抚州进行了为期五天的讲课与考察。邀请我去讲课的目的也许是抚州校长们明修栈道、暗度陈仓，为了借此机会在广泛了解外地驾校的成功经验的基础上共同商讨自己的发展对策。

在挑战面前，也有的驾校投资人选择了逃避。在中原地区有一位做了十几年驾校的老板，面对复杂的驾培环境，一直想走正规化办学、品牌化办校之路。为此，她探索过，奋斗过，但她感觉到太累了。于是，在即将天亮前选择了放弃。山东莱芜是一个只有120万人口的小地级市，原有驾校7所，年培训量3万人左右，报名学车的学员也就3万多人，供求关系基本平衡。2013年，莱芜市又新批了3所驾校。至此，莱芜驾培市场供大于求的时代拉开了序幕。面对挑战，老驾校忧心忡忡，新驾校磨刀霍霍。

面对驾考、驾管新政策的颁布实施，驾校的转型期已经来临，转型的标志是由高速发展向平稳发展转变，增长方式由外延扩张（驾校升级、教练车扩容）向内涵增长（内强管理、外塑形象）转变，管理模式由粗放型（一车多人，学员由教练员安排管理）向精细型（不同服务套餐）转变，发展趋势由市场导向型（价格控制招生）向能力导向型（强调质量和品牌）转变。老路走不通，新路不会走，这就是转型期的痛苦所在。面对转型期的到来，无论你自觉主动也好，不自觉被动也好，摆在面前的也许只有三个选择——大道、小路和歧途。

所谓大道，是承担社会责任，以培养安全驾驶、文明驾驶的合格驾驶人为己任，通过不断地提升员工素质、完善内部管理，坚定地走质量之路、品牌之路。所谓小路，就是中间道路。走小路者是一群"歧途不愿再走，大道不敢走、不会走"的人。随着驾考、驾管新政策的实施，他们意识到了由乱到治的转型期已经来临。但由于受到企业实力、自身能力等客观因素的影响和制约,还横不下心来告别昨天,重塑未来。因此,可以说他们是一群渐进式改革者。所谓歧途,主要表现为"四靠":招生靠降价,经营靠挂靠,盈利靠克扣学员的学时和多次收费,合格率靠贿赂。这是一条越走越狭窄、越走越艰难之路,是一条穷途末路。

目前,我国驾培行业正处在"阵痛期",不管您是否做好了准备,都将承受新的挑战,实现新的跨越,因为驾培行业乱云飞渡的时期终将过去,阵痛中驾培行业终将会逐步走向规范。

第三节
我国驾培市场面临的机遇

驾培市场是否进入"萧条期"?这是许多驾校的老板和从业人员都在思考的问题,思考的答案对他们今后的发展战略和经营管理行为都会产生一定的影响。因此,对这一问题的分析不仅要全面、理性,而且要慎重。

持驾培市场进入"萧条期"观点的主要理由:一是团队报名减少,前几年无论是暑假,还是春秋季,经常有团队报名,少则十几人,多则几十人,甚至上百人,现在鲜有团队报名;二是少了"三高",多了"三族",以往地位高、收入高、学历高的学员在减少,与此同时,"女性上班族""打工族""学生族"的学员在增加,有的驾校在某时段女学员占到半数以上;三是在培训成本不断增加的情况下,许多地区的驾校招生价格却在下滑,现在还看不到向上抬头的趋势,各驾校的招生量也出现了不同程度的下降。许多业内人士认为造成上述现象的原因是驾校增多,僧多粥少;市场混乱,恶性竞争;经济低迷,消费慎重。

如果我们透过现象看本质,上述现象不能笼统地简单称之为"萧条期",

而应当视其为正在逐步进入的"正常期"或"理性期"更为恰当些。

　　进入21世纪以来，就像当年我们谁也没预料到手机的普及一样，汽车也快速地走入了寻常百姓家。于是，出现了全民学车热，驾培市场出现"爆发期"。那时的驾培市场，是供不应求；那时的驾校是暴利行业，是人人有饭吃、有酒喝、有衣穿，无所谓管理，无所谓经营，谁办驾校都挣钱。在这之后便出现了"民办驾校热"，在短短的几年内，国内驾校已经超过了1万家，从业教练员达到了40多万。与此同时，各地还出现了许多"黑驾校"和"驾培个体户"。山东省德州市一条不到500m长的街道上，出现了4所一类驾校。驾培市场进入了"民营驾校的发育期"，或者是充分的"市场竞争期"。这时的驾培市场，自然是僧多粥少，而不是谁办都挣钱了，不是人人有饭吃、有酒喝、有衣穿了。目前，已经有许多驾校出现了价格不正常、招生不正常、培训不正常的现象。如果我们的行业管理机构有"驾校退出"机制的话，那么会有更多的驾校要关门了。

　　如果与前几年的"爆发期"相比，驾培市场确实进入"萧条期"，但这种比较方法不科学。驾培市场的资源有两类：一类是存量资源，即为早已达到学车年龄的学员，这类资源无疑在逐年减少；另一类是增量资源，即为刚刚达到学车年龄的学员，这类资源并没有减少，而是呈逐年增加的趋势。虽然物价上涨对汽车制造业有一定的影响（增速减缓、库存增加），但对汽车后市场的影响并不大，或者说影响要滞后。

　　随着《驾校教练员的五项修炼》的出版，我结识的驾校校长越来越多。在与他们的交流中，许多校长常抱怨自己的驾校机遇不好、生不逢时，现在市场难做，只能苦苦支撑，等待转机。不经意间，他们流露出悲观、无可奈何的情绪。

　　毋庸置疑，现在办驾校和2004年以前不可同日而语。那时的驾校是暴利行业，现在是一切都颠倒过来了，驾校微利运行，招生是想尽千方百计，说尽千言万语，培训是层层考试，处处关卡。现在办驾校一言以蔽之——"难"！

一、汽车业的快速发展是机遇

何谓机遇？《辞海》上说，机遇是指境遇、时机、机会（多指有利的）。其近义词为时机，意为具有时间性的客观条件（多指有利的）。然而，对于驾校而言，真的就没有机遇了吗？我的回答是"有"，而且"有许多"。

浪费是多种多样的，浪费时间，浪费人才，浪费资源，浪费钱财，但最大的浪费是机遇的浪费。有些浪费是看得见、摸得着的，有些浪费则是隐形的，是看不见、摸不着的，是在不知不觉之中的浪费。机遇天天来敲门，就怕自己抓不住。机遇老人不像时光老人那样无私地给予每一个人，机遇只垂青那些有准备、肯努力的人。有两位农村兄弟去深圳打工，哥哥在外不到半年就扛着行李返回家，对他爹说："那儿物价高得怕人，连喝口水都要花钱买，还没有咱山沟里好。"没过多久，弟弟寄来一封信，信上说："这儿遍地是黄金，连我们喝的水都可以卖钱。我现在在一家纯净水公司当送水员。"

根据国家统计局发布的权威数据，我国民用汽车保有量2019年底为2.6亿辆，成为仅低于美国的世界第二大汽车保有国。2019年，世界银行发布的数据显示，我国千人汽车拥有量达173辆，位列全球第17名。美国排名第一，千人汽车拥有量837辆，这说明，中国汽车市场发展潜力巨大，特别是私人汽车消费，在未来20年将持续高速增长。衣食住行是消费的永恒主题，在"行"的消费中汽车已经成为主体。我国已经从"自行车王国"向"汽车王国"过渡，汽车驾驶也正在从过去的一种职业向现在的人人必须掌握的一种技能过渡。由此看来,驾培行业目前不是一个"夕阳行业",而是"朝阳行业"。

据估算,卖 1 辆车就有 1.9 人学车,2019 年,中国消费者购买 2576 万辆汽车,2576 万 ×1.9 人 =4894 万人。我国目前拥有驾校 1 万所,大都是几十辆教练车的二类、三类驾校,年培训学员两三千人。如果这个估算准确,未来几年中国的汽车销量即便只是保持规模,驾培市场的学员数量仍然非常可观。但随着品牌大驾校的不断涌现,局部地区会出现供大于求的现象许多管理差、规模小的驾校将面临危机,因为中国驾培市场正在经历从短缺经济向质量经济和品牌经济的转变。

二、驾培行业的低起点是机遇

在许多城市,数量居多的民营驾校无论是成立的时间,还是运转的状况,都相差不大。队伍不太正规,管理不太有序,效益不太理想。许多驾校整年不开会,每年到年底聚一餐,说说过年话,就算开了一次会;许多驾校没有完善的制度,一切听老板怎么说;许多驾校教练员没有经过系统的培训,上岗前给他安排一名老教练带几天,就开始单练;许多驾校训练教学不统一,教练员是"每人一把号,各吹各的调",学员一换教练员就无所适从;许多驾校学员的投诉得不到重视,有投诉就踢皮球,大事化小,小事化了。如此等等,都说明驾校管理还处在初级阶段。如果您所处的驾校环境大致如此的话,那么通俗地说,大家是"席上滚到地上",基本上是处在一个平面、起点都不太高的层面。正像一个班级的学生,大家学习都不太好,这时只要你方法对头,肯花时间、下力气,你超越的机会、领先的机会就很大。如果这个班级出类拔萃者很多,你的基础差,你在追赶,但好学生跑得比你更快，你就很难领先、占据榜首。驾培市场何尝不是如此？当别的驾校形成了特色、形成了品牌、形成了规模时，你再超越就必然要花费更多的钱财和气力。在别的驾校停留在打价格战、打游击战时，你开始谋划并实施服务战、正规战，只要领先竞争对手几步，让学员有耳目一新或眼前一亮的感觉就行。领先一步，就是领先，就可引领市场。但领先得多了，必然会产生更大的投入，导致价格的大幅上升，毕竟还要考虑到学员的接受程度。领先多了，也许会走向反面。

三、驾校升级扩容是机遇

驾校的规模在不同的省市差别很大，许多地市驾校少则三四十家，多则七八十家，有的地市一类驾校多于二类、三类驾校，但更多的地市一类驾校仅有几所，剩余的全是二类、三类。许多二类、三类驾校，经过一段经营后，出于种种考虑有了扩张的念头，或想变更为一类，或想兼并其他驾校，或准备申办新的驾校。

扩张是企业发展的重要机遇，对有准备的人是良机，对盲目的人是陷阱。扩张在一般情况下，应该遵循先做强再做大的原则，但也不尽然。发展是硬道理，硬发展也是道理，关键是看你怎样做。扩张不仅是量的变化，更重要的是质的提高。如果仅是量的变化，没有质的提高，那风险就很大了，或许会像人们所说的"不扩张，等死；扩张，找死"。

许多老板在办驾校时，由于缺乏经验，准备不足，加上半路出家的教练员角色转变不到位，致使队伍难以管理，成为影响企业发展的瓶颈。这是最令他们头疼的。对现有的教练员进行系统培训、整顿很难进行，一方面他们要保持正常的训练，不能整建制地脱产培训；另一方面，他们在旧的轨迹下所形成的思维和行为模式不经过强化培训难以改变。企业扩张是彻底整顿队伍强身健体的一个好时机。如果我们能对新招聘的教练员从观念到方法、从行为到制度进行封闭式的强化训练，使其达到统一的标准后再上岗，一切按新的模式运营，然后再把那些存在先天不足、后天失调的老教练员替换下来，再对这些老教练员进行补课改造，达到要求后让新老教练员重新混编，竞争上岗，这样就会使驾校实现脱胎换骨。整顿队伍是一件非常棘手的工作，不仅要横下一条心，有铁的手段，还要有科学的方法，甚至要借用外力，最好由专业人士操作。我曾经在几所驾校以企业扩张和改制为契机，以"王牌教练员'十关'培训营"为模式，通过这种"大换血"的方法，取得了理想的效果。

四、危机面前是机遇

据南方一家媒体报道：金融海啸下，不少市民节流度日，动辄三四千元的驾校学车计划，成为不少深圳市民首先砍掉的消费计划。统计表明，当年从8月开始，深圳学车人数连续三个月平均减少7000人，锐减幅度超过四成。在消费者纷纷谨慎的情况下，驾培学校开始通过各种打折优惠实行降价"自救"。深圳驾培行业一所规模较大的驾校的总经理表示："我们降得最彻底，也是幅度最大的。现在整个行业已经进入寒冬，关键是要熬过去。"

众多驾校激烈的竞争、金融危机的影响、冬天的培训淡季等，这一切都是危机的体现。每一次危机来临，都是对企业的一次重新洗牌。有很多的企业，经过危机洗礼不仅活了下来，而且变得更具生命力。同样，会有很多企业经不起危机的冲击而拱手让出了市场，从此销声匿迹。生死之间，看似偶然，实际上有很大的必然性。面对危机，你采取"鸵鸟战术"回避，还是积极应对；是按部就班工作，还是超常规工作；是加大管理力度，下过去不敢下的药，砍过去不敢砍的刀，还是四平八稳求得一团和气；是经营上有新的招数、新的投入，还是弹老调，走老路。这一切，都决定了一所驾校的生与死。市场如博弈，高手在于眼界高：乐观主义者从每一场灾难中看到机遇，而悲观主义者从每一场机遇中看到的却是灾难。一事当前，关键要看你用什么样的眼光去审视它。

面对危机，降价不是上策，练好内功，打造自己的核心竞争力才是上策。"作坊式"的思维、"家族化"的管理，是目前不少民营小驾校的生存现状。它们缺少特色，更无核心竞争力，往往只把征地、购车、聘教练作为开办驾校的必要条件，而没有把软件作为必要的投入。可以说，它们在降生之日就先天不足。这些驾校，最少要补上三堂课：一是思想观念的更新课。要把培训聘请专业管理人员作为投资的一部分，牢固树立品牌意识，正确处理社会责任与经济利益的关系。二是公司化的改造课。要形成共同的价值观，健全规章制度，构建完善的培训体系、控制体系和营销体系。三是员工素质的培训课。培训不仅是锦上添花的事，更是雪中送炭的事；不仅是当前的事，更是长远的事。那些没把学习、培训、咨询列为议事日程的驾校，怎么可能持续发展？而作为品牌驾校，要把危机变为机遇，一方面搞好形势教育，增加员工的忧患意识，对症下药，弥补自己的"短缺元素"；另一方面寻找"休克鱼"，实现低成本扩张。任尔东西南北风，练好内功是上策。

弱者坐失良机，强者制造时机。没有时机，这是弱者最好的托词。只要你看得远看得准，危机或许就是自己的机遇。

五、新的政策出台是机遇

目前，驾培市场仍处在一个转型期。培训体系与考试体系如何规范和衔接的问题、行业自律的问题、驾培行业从业人员素质有待提高的问题，在不同程度上影响着驾培行业的可持续发展。为了解决这些问题，主管部门已经采取和正在采取措施予以解决。然而，每次政策出台后，许许多多的驾校往往是在消极的议论中错失了内强素质、外拓市场的良机。如果你不能改变风的方向，那你就改变帆的方向。我们不能改变政策，我们只能执行政策和利用政策，要有抢抓机遇的意识。例如，在2009年7月前后，某市的车管所升级考试系统并对驾校的训练车辆和教练员人数进行摸底，其用意很明显，就是要按照教学大纲的要求，根据驾校的实际规模决定考试人数，也就是所谓的"限考"。刚好有家由我担任顾问的单位在此城市，针对这种变化，我们抓住时机部署了"末班车"效应的招生策划，大获成功。在短短十几天时间内招生1600人，最多的一天招生432人，创了建校以来的新高。那一天，这所驾校的校长半夜给我打电话，接通后，笑了很久才说话，让我猜猜招了多少人。而在同样的政策到来之际，更多的驾校是错失良机，这实在令人遗憾。新的管理政策还会不断地出台，机遇在等待你发现的眼光和捕捉的能力。

第四节
挑战与机遇中的对策

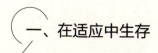
一、在适应中生存

> **三只蜥蜴**
>
> 森林里住着三只蜥蜴，其中一只看一看自己的身体和周围的环境大不相同，便对另外两只蜥蜴说："我们住在这里实在太不安全了。"于是它开始大兴土木，着手修建一个坚固的窝，希望将这里改造成真正适合生存

的地方。第二只蜥蜴说:"这太麻烦了,环境有时不是我们能改变的,不如我们另外找一个地方。"尽管另两只蜥蜴竭力劝说,但第二只蜥蜴还是执意地离开了。第三只蜥蜴看看四周说:"为什么一定要改变环境来适应我们?为什么不改变自己来适应环境呢?"于是,他借着光影慢慢改变肤色,渐渐地融入了周围的环境中。接下来的一年里,第一只蜥蜴在建好的隐蔽住所里生存了下来,第三只蜥蜴不断地改变肤色自由地生活在不同的美景中。一天,一只麻雀给它们带来了第二只蜥蜴的消息:第二只蜥蜴找遍了能找的地方,始终没找到他心目中的那个十全十美的地方,最后在寻找的路上累死了。

三只蜥蜴对于同样的环境作出了不同的反应。企业对外部环境的适应也就像这三只蜥蜴一样有着不同的做法,有的主动改变环境,有的逃离环境,有的主动改变自己去适应环境。一个驾校刚刚诞生,挣钱是硬道理,生存是第一位的,像第一只蜥蜴那样改变环境需要自己有较强的实力,一般的中小驾校根本无法企及,我们制定不了也改变不了游戏规则,而只能学习和遵守游戏规则;像第二只蜥蜴那样,看着此地不好,再搬迁换环境,那既不可能,也不可取,竞争是避免不了的,逃避解决不了任何问题;第三只蜥蜴才是我们学习的榜样。正如杰克·威尔逊所说:"只有主动改变自己适应环境,才能在竞争激烈的市场环境中生存。"

1. 站在巨人的肩膀上

站在巨人的肩膀上是成功者的成功经验。比亚迪的创始人王传福在初涉汽车领域时曾经说过一句广为流传的话:"任何人都是站在别人的肩膀上才能起步,我们不可能从零开始。"比亚迪是从学习国外的先进汽车制造技术开始起步的,直到现在形成自己的知识产权和品牌。取得成功以后如果还能站在巨人的肩膀上,那肯定会取得更大的成功。牛顿61岁那年被选为英国皇家学会会长，此后年年连任直至逝世。作为举世公认的卓越的科学巨匠，他仍谦逊地说："如果说我比别人看得远些，那是因为我站在了巨人的肩上。"

2005年底诞生的华晨驾校，没用两年便脱颖而出，成为山东德州驾培市场上的标杆驾校。其中重要的一个原因，就是全面学习借鉴和移植了山东临沂正直驾校的管理模式。从教练员的招聘培训，到训练、服务、营销体系的建立，正直驾校都派出专人予以辅导。正是这种全方位的战略合作，加之华晨人的吸收消化能力和执著精神，使华晨驾校快速成长。

2. 问路才不迷路

有一个博士毕业后分到一家研究所，成为学历最高的一个人。有一天他到单位后面的小池塘去钓鱼，正好正、副所长在他的一左一右也在钓鱼。他只是微微点了点头，心想：跟这两个本科生有啥好聊的呢？不一会儿，正所长放下钓竿，伸伸懒腰，噌噌噌从水面上如飞一般地走到对面上厕所。博士眼珠瞪得都快掉出来了。水上漂？不会吧？这可是一个池塘啊。正所长上完厕所回来的时候，同样也是噌噌噌地从水上漂回来了。怎么回事？博士生又不好去问，自己是博士生啊！过一阵，副所长也站起来，走几步，噌噌噌地漂过水面上厕所。这下子博士更是差点昏倒：不会吧，到了一个江湖高手集中的地方？博士生也内急了。这个池塘两边有围墙，要到对面厕所需要绕十分钟的路，而回单位上又太远，怎么办？博士生也不愿意去问两位所长，憋了半天后，也起身往水里跨，他心想：我就不信本科生能过的水面，我博士生不能过。只听"咚"的一声，博士生栽到了水里。两位所长将他拉了出来，问他为什么要下水，他问："为什么你们可以走过去呢？"两位所长相视一笑："这池塘里有两排木桩子，由于这两天下雨涨水正好在水面下。我们都知道这木桩的位置，所以可以踩着桩子过去。你怎么不问一声呢？"

这个故事是杜撰的还是确实发生过，我们不去考究，但它告诉我们一个道理：问路才能不迷路，问路才能少走弯路，问路可以少栽跟头。

大部分驾校的校长都问过"路"，那是在建校之初。作为门外汉不能不请业内人士给予指导，而这些业内人士所指的"路"，也无非就是训练流程和考试流程。当基本运转正常后，他们便整天忙于事务性的工作，如何提升管理、如何打造队伍、如何创建品牌，就很少再过问了。因此有人说，有的驾校校长是问"走"不问"跑"，结果导致这些驾校只会"走"不会"跑"。"走"，是指这些驾校已经初步运营起来，有了基本生源、基本合格率，有了基本的内部管理制度和外部公共关系，但这只是在低水平上的运营。"跑"，是指已经进入了可持续发展的快车道，有品牌，有规模，有清晰的发展战略，有核心的市场竞争力。要"跑"，不仅要向业内资深专家"问路"，更要向专业的管理咨询公司"问路"。

二、在差异中做强

适应了不等于成熟了，生存了不等于健壮了。大部分驾校在初步实现了正常运转后，便停滞不前了。在产品以及服务日趋同质化的情况下，只有显示出差异，才能从同行中胜出。在市场由卖方市场转向买方市场的今天，表面上看，市场似乎饱和、产品似乎过剩，经营者感觉生意难做，不知从何做起。其实在市场上，消费者和经营者几乎同样痛苦：有卖不掉的，也有买不到的；有买不起的，也有没什么可买的。出现这种局面，其根本原因就是经营者看不到市场的个性需求，不对市场进行细分，不注重产品或服务的个性差异，不去寻找市场的空隙，结果是"你有我有全都有"。当今时代，消费市场呈现多元化倾向，个性消费日趋明显。经营者在微利中取胜，重要的是"你无我有""你有我优""你优我精"，打造产品或服务的个性差异，以差异性开拓市场、占领市场、取胜市场。只有"风景这边独好"，才能吸引消费者，刺激消费者，激发他们的消费欲望。

同质化严重是当今我国驾培市场的一大问题，许许多多的驾校服务套餐一样——男女老少全都"一锅煮""齐步走"；管理风格和企业风气也相差无几——吃拿卡要、粗暴教学，明着是风平浪静，暗中是风高浪急，学员投诉得不到重视，学时不够，自由式教学训练等；甚至连广告语都一样——清一色的"一流的设施，一流的服务，一流的质量，一流的队伍"。这种低水平的同质化使企业很难可持续发展，也使想学车的学员无所适从。

> 相传清代著名书画家郑板桥年轻时，曾临摹历代名家的各种书体，竟达到几乎可以以假乱真的程度，但人们对他的字并不欣赏。怎么回事呢？他常常陷入痛苦的沉思。一天晚上睡下之后，他又进入书法练习的痴迷境界，不知不觉地以手作笔，在妻子的背上写来写去。妻子问他干什么，他说在练字。妻子一语双关地对他说："要练字吗？你有你的体，我有我的体，你老在别人体上画什么？"郑板桥听了，恍然大悟："对呀！我为什么老模仿别人呢？应当创造自己的风格！"从此，他博采众家之长，以隶书与篆、草、行、楷相杂，用作画的方法写字，终于形成了独具特色的"乱石铺街"体，成为享有盛誉的著名书法家。

这个故事可能仅仅是一个传说，但它的寓意告诉我们：书法艺术要有独特的风格才能传世，那么产品没有自己的特性怎能在市场上站稳脚跟呢？

在蒙牛诞生之前，中国乳业前三强是光明、伊利、三元。蒙牛具备了规模后，在与"乳业三强"的竞争中，运用差异化战略，经过精心筛选，将"给我个理由选择你"的差异特性确定为"五个理由"：中国绿色食品；产地内蒙古；草原牛奶唯一中国驰名商标；英国本土 NQA 及 ISO9000 国际标准质量认证；利乐枕牛奶销量居全球第一。五个理由一层一层地与其他品牌的牛奶产品区别开，成功地塑造出独特的自我。

消费者在市场上购买某一品牌的产品，而不购买其他品牌的产品，其实就是在用自己的"货币选票"进行投票。凭什么让消费者选择你而不是别人？你要给消费者一些理由作支撑，这个理由就是差异化。

河北廊坊东岳驾校在打造自己的差异化战略中给学员三个理由：一是自己有考试场，从科目一到科目三不用出驾校全部可以考试；二是新老教练员全部经过了"王牌教练员十关培训营"的培训；三是训练场在市内，不用学员来回奔波。

有差异就有市场，有差异就有竞争力，有差异就有利润。差异不在于多，而在于独特，在于别人模仿不了。十样会不如三样好，三样好不如一样绝。河南新乡新大驾校深切地感受到了这一点。2010年以前，新大驾校教练员严重老化，多数教练员都是有孙辈的人，是名副其实的"爷爷级"教练。当时的招生价格在1400元左右。后来，校长琚宪霞招聘了一批年轻的教练，送到山东参加了"王牌教练员十关培训营"。上岗后，琚校长把"王牌教练员"作为差异化战略的"王牌"来打，招生价格一次次率先提升。学员问她："你们驾校为何价格比其他驾校高许多？"她自豪地说："五星级的宾馆能和三星级的宾馆一个价？王牌教练员能和普通教练员一个价？"

三、在创新中发展

我曾经三次到海尔参观学习，分别是我在国企的纺织厂、外企的投资公司和民企的驾校三个时期去的。尽管每次去参观带的问题不一样，审视和思考的角度也不一样，但给我留下印象最深的还是海尔的"创新文化"。

海尔的价值观是什么？只有两个字：创新。张瑞敏对此的解释是："企业不断高速发展，风险非常大，好比行驶在高速公路上的汽车，稍微遇到一点障碍就会翻车。而要不想翻车，唯一的选择就是要不断创新。创新就是要不断战胜自己，也就是要确定目标。"张瑞敏还认为："创新也有风险，但并不是说不创新就没有风险，不创新，风险更大，等待只有死路一条。这就是我认为我们与其他企业不一样的地方。我们有一种文化氛围，使所有人认识到必须战胜自我去创新，如果不创新，就没有立足之地。"在这种理念指导下，海尔在内部提出了创新三原则：企业创新的目标是创造有价值的订单，企业创新的本质就是创造性的破坏，企业创新的途径是创造性的借鉴和模仿。最终海尔形成了战略创新、观念创新、技术创新、组织创新、市场创新以及文化创新的立体创新体系。

北京的东方时尚驾校是中国驾培行业的排头兵，成立于2006年。那时，小小的驾驶室里，曾一度充盈着师徒如父子的气息。许多老驾驶人当年都是从为师傅打水擦车学起的，如果不能毕恭毕敬地对待师傅，甚至向师傅请客送礼，就甭想学到真正的驾驶技术。正是这种陋习，滋生出驾校行业的种种弊端。东方时尚驾校成立伊始，就在观念上创新，完全摒弃了传统的师徒观念，独树一帜地提出了朋友式教学关系的学车新概念。观念创新后，东方时尚驾校又进行了一系列管理创新：第一个实行电话预约、计时培训为主的教学方式；第一个实行学员指纹认证、出勤打卡的制度；第一个实行教练统一着装，车前站立等候学员的制度；第一个采取教练照片上墙，让学员自主选择的办法；第一个做到所有教练车和班车全部采用空调车辆。

全面的创新，使他们在短短的十几年间走出了一条高点起步、高速跨越和高效管理的成功之路。驾校如同充满生机与活力的春笋，节节拔高，茁壮生长。

北京东方时尚驾校的成功经验告诉我们创新就要站在竞争的制高点上。

驾校经营方略　第2版

当别人卖药的时候，你出售的是健康；当别人卖床时，你出售的是睡眠，你便站到了市场的制高点上；当别人提供的是学驾驶的服务，是一种应试的技能教育，你提供的是一种快乐、安全、人生的挑战与体验时，你便站在了驾培市场的制高点上。创新还要站在市场的领跑线上。要想站在领跑线上，就必须从传统的经营模式中跳出来，开风气之先，吊起消费者的胃口，让同行不得不跟在你后面跑。"不管一大步，还是一小步，要始终引领驾校行业新步伐"。

第二章

战略篇

有位作家说过："如果你的火车行驶在错误的铁路上，那么你所到达的每一个车站都是错误的。"反过来，如果选择了正确的决策轨道，所到达的每一个车站就都是正确的。国际上一份权威的统计报告分析，世界上破产倒闭的大企业，85%是由于企业家的决策失误造成的。战略的错误是战术弥补不了的，战术的错误是战斗补救不了的。一个驾校的老板一定要选择好道路，正确处理好社会效益与经济效益、做强与做大、今天与明天、自主经营与承包经营的关系。

驾校经营方略　第2版

第一节
要正确进行战略定位，把握好企业的发展方向

  战略定位问题也就是战略决策问题，决策就是在不确定的环境和不确定的数字中去做一个正确的决定。正如万通集团董事长冯仑所理解的董事长要做的三件事那样："看别人看不见的地方，算别人算不清的账，做别人不做的事。"战略问题是一个境界问题，你的决策需要胆略，而且会经常不被别人理解，甚至最亲近的人。李嘉诚这样认为：当别人不明白他在做什么的时候，他明白他在做什么；当别人不理解他在做什么的时候，他理解他在做什么；当别人明白了，他富有了；当别人理解了，他成功了。每一批富翁都是这样造成的，每一批成功的企业也是这样产生的。

  中国民营经济的进化过程用了将近30年的时间，大约每10年为一个阶段。中国民营驾校大批量地出现是在2004年以后，也就是中国民营经济已经进入靠战略和人才挣钱的时期。因此，作为一个驾校的老板，不考虑战略和人才的问题，还迷信于凭着胆大、搞好关系就可以持续发展，肯定要犯战

略性的错误。有位哲人说得好：战略的错误是无法靠战术来弥补的，战术的错误是无法靠战斗来弥补的。

每一位老板在办驾校之初都想把自己的驾校办成一所在当地出类拔萃的驾校，都不想把自己的驾校办成一所普通平庸的驾校。然而，为什么驾培市场上有大量普通平庸的驾校存在呢？这是由两个因素造成的：一是心有余而力不足，一无所能而普通平庸；二是经过拼搏取得了一定的成功，获得了一些荣誉后，遇到了瓶颈，丧失了斗志，又重新沦落为普通平庸。要办成一所出类拔萃的一流驾校也要具备两个因素：一要具有社会责任感，办有"德"性的驾校；二要有创新能力，办有特色的驾校。那么，如何将普通平庸的驾校变成出类拔萃的一流驾校呢？在战略决策中应当处理好四个方面的辩证关系。

一、社会效益与经济效益的关系

当你在行车中发现有人不看标线任意掉头、转弯和停车时，你会不会不由自主地说：这是哪个驾校毕业的？当你听到已经毕业的自己的学员出现交通事故时，你会不会不由自主地检讨自己在培训中做得是否称职、到位？当有的学员为了图省事，不愿进行理论考试，或者在桩考、路考中成绩不合格，拿钱找到你求你给通融一下时，你会怎么做？当油价上涨，训练中油耗增加，一方面要保证训练质量，另一方面又要降低成本，你又会如何做？作为一名驾校的老板，你在想这些事和做这些事时，心中都有一个天平，一边是社会效益，另一边是经济效益，二者常常是矛盾的，很难同时兼顾，有时不得不牺牲一方的利益来保证另一方的利益。驾校的老板常常在这两者利益的天平中摇摆、彷徨并时常为此苦恼。

如果驾校本着利润至上的宗旨,当自身利益与顾客利益产生矛盾时,难免做出损害学员利益的事情来,例如用报废的车辆充当教练车、克扣学员的学时、几十个人一辆车,以及开展虚假宣传、制定霸王条款等。这样做虽然可能一时占到一些便宜,却损害了学员的利益,最终必然会损害驾校和投资者的利益。这正如河北石家庄利安驾校董事长马宏所说:"如果不以学员为本,唯利是图,伤害学员,就会赢了今天、输了明天,最后自取灭亡。也许有一天你的车被别人撞了,撞你的人就是你的学员。"相反,那些以服务学员为宗旨,以社会效益大于经济效益、学员利益大于企业利益为原则的驾校,遇到矛盾时,宁愿自己少赚点钱,甚至吃点亏,也要处处维护学员的利益。这样做才能真正赢得学员的心,将事业越做越大。

> 江西蓝天驾校从建校之初,就树立了一个信念——办一所让政府放心,让群众满意,为预防和减少道路交通事故尽一份责任的驾校。基于这一信念,蓝天驾校把社会责任放在工作的首位。他们不断加大投入,完善教学训练后勤服务设施,全校固定资产达1.8亿元,为"责任理念"奠定了坚实的物质基础。
>
> 然而,硬件优秀并不能完全决定社会的接受程度。随着机动车驾驶人队伍的迅速扩大,一些不良的思想也开始扩散开来。有人认为驾驶的学习只是一种形式,能混过考试就行;还有人认为驾校的目的就是赚钱,一切为了考试,一切为了拿证。面对这些不良风气的侵袭,江西蓝天驾校始终坚守"责任理念",不但没有随波逐流,反而通过全面实施机动车驾驶人素质教育工程,把提升驾驶人的安全意识、责任意识、公德意识作为驾驶人培训的重要内容,十分注重培养驾驶人"安全第一、珍爱生命"的良好职业素质。他们一直坚持采用教学大纲教学,并根据管理部门的要求,认真填写教学日志,采用指纹IC卡计时培训等,切实把驾驶人素质教育大

纲的各项要求落到实处。同时，他们以"确保培训质量"为核心，通过依法经营、严格管理、规范教学、科技培养、信誉考核、诚信服务等综合措施，让广大学员能学到过硬的本领、良好的技术，从而实现驾驶人安全意识和操作技能的全面提升。

如今，在蓝天驾校，机动车驾驶人素质教育工程有效开展，"责任理念"牢牢地扎根于人们的潜意识之中。他们常说："驾培企业就应该有企业的道德，必须严格承担起这一特殊的社会责任"，"虽然三米的倒桩库没有三尺讲台来得光彩熠熠，虽然一根小竹竿不如教鞭那样神圣威严，但是我同样时刻把责任扛在肩头"，"教练员1%的失误对于学员来说是100%的损失，因为他不仅会影响到学员的驾驶能力，甚至会影响到学员在人生道路上的生命安全"。这些话语，正是他们强烈责任感的自然流露。

事实证明，蓝天驾校对社会责任的坚守并没有令人望而却步。相反，因为教学严谨、服务细致、管理到位、培训质量好，赢得了越来越多的学员的青睐。

二、做强与做大的关系

商务部跨国公司研究中心副主任何曼青认为，世界500强企业发展趋势对中国企业发展的启示中最重要的是要处理好"做大"与"做强"的关系，需认清"大不一定能吃小，快却一定能吃慢"的企业发展规律。企业发展，不仅要注重规模，更要追求质量，着力"做强"。重品质，还是重规模？做强，还是做大？这个问题实际上是速度与效益的关系问题。用哲学的观点说，强是质变，大是量变。从中国经济发展历史看，过于片面地追求数量和速度,其结果是投入多,产出少,消耗高,效益差。因此,一个成熟、冷静的驾校投资者,不仅要会踩加速踏板,还要学会踩制动踏板。没做强就做大,是盲目发展,必然危机四伏;做强了不做大,是小成则满,贻误战机。

一般情况下,企业应该先做强,后做大。大而不强是虚胖,虚胖的企业难以做强、做久,做强是做大的基础和前提,强则必大。"强"的企业意味着在市场上有核心竞争力,有好的盈利模式,这样的企业必然是与时俱进的,在万千企业的马拉松长跑中,"弱"的企业不停地掉队,"强"的企业不停地超越,做不大是没有道理的。1995年底,东方时尚驾校在京南一块荒芜的土地上诞生。当时,东方时尚驾校仅有注册资金20万元,占地7.5亩,大小货车不过20辆,员工几十名,在全市排序为第204家。而这个"小不点"却有个远大的目标——做亚洲最好的驾校。经过十几年的艰苦创业,东方时尚驾校在创新中发展,在差异中做强,现在已成为中国驾培行业的排头兵、领头羊。在做强之后,东方时尚驾校不断扩大规模,在年培训量不断增加,成为京城"老大"之后,又在几个省会城市布局建立了连锁驾校。

从另外一个角度分析,有规模才能有效益,有规模才能容易获得竞争优势。大则易强,先做大,后做强,在做大的过程中解决做强的问题。娃哈哈老板宗庆后说:"在大众消费品领域,只有做行业前三位才有钱赚,要冲进三甲,规模大小就是第一道坎,没有规模就没有发言权,一个没有规模空间的产业是一个很难放大的产业。"然而,在中国有多少企业"其兴也勃焉,其亡也忽焉"。从早期的"三株""巨人""亚细亚",到现在的"科利华",大而不强、虚胖的企业数不胜数,即使很多尚处于领先地位的企业,如果仔细琢磨,根基也是非常薄弱的。随意做大而根基不牢的企业是建立在沙漠上的高楼大厦,终将倾覆。因此,"边做大边做强"又是另外一种选择,也是理性的选择。

做强与做大,并不是一对必然的矛盾,在某些情况下,二者是可以兼得的，这也是企业发展的最佳状态。"强"与"大"的辩证关系表明，二者是动态关联的，"强"不是完美的，"大"也不是完美的，"强大"才是一种理想的组合。实现"强大"的路径，有时候是"先强后大"，有时候是"先大后强"，还有时候是"边大边强"。但任何一次"强大"都不是"终结"，因为市场在发展，竞争在加剧，对于企业来说，只有逗号，没有句号，强无封顶，大无边界！

三、今天与明天的关系

> 有一则故事很有趣，说的是甲乙两人打赌，双方商定在两个月内，甲每天给乙十万元，乙第一天给甲一分钱，以后每天必须加一倍。乙心中暗喜，以为得了大便宜，于是便一口答应。等到第十天时，乙方口袋已经装进100万元，而自己只付出5元钱，心中还后悔当时要是定三个月不是可以赚得更多吗？想不到随着时间的推移，双方的进账开始逆转，并一发而不可收。你知道到第60天时乙应付给甲多少钱吗？2500亿元都不够。

这则故事让我们体会到发展和停滞在本质上的区别。人和人不一样就在这里，有的人想一步，有的人想两步，有的人看今天，有的人看明天。

目前，我国驾校几乎全行业盈利，这并不说明驾校的校长们比其他行业（例如餐饮业）的老板智商高，这是政策与市场使然。现在驾培行业普遍是学员积压，考试名额不够，经营最不好的驾校也可以卖名额盈利。驾校今天挣钱靠政策、靠市场，明天挣钱要靠管理，后天挣钱就要靠企业文化了。驾校校长一定要有忧患意识，不能赢了今天，输了明天，笑到最后才算赢。

只想今天，不想明天，最明显的标志就是看把硬件投资以外的钱花在哪里，如果把钱花在员工培训上、品牌打造上，那是在考虑明天；如果把钱花在为了提高合格率和增加名额而处理公共关系上，那是在考虑眼前。

> 石家庄以西、太行山东麓的井陉县有个利安驾校，他们在员工培训上的"舍得"是出了名的。"利安"名下有两所驾校，人员总共300多人，最近两年间，利安驾校先后把35名各层面的管理人员送到清华大学职业经理人培训中心进行培训，培训时间根据内容与对象的不同，长短不一，长的达一年之久，短的也有数周。仅这一项培训支出就达40多万元。
>
> 利安驾校对员工的培训是立体的。对普通教练员和客服人员的培训，他们采取集中封闭培训的方法，每年集中培训一次，时间为十天左右。为了解决好工学矛盾，他们在培训期都吃住在驾校，利用下班后晚上的时间进行内训，本着缺什么补什么的原则，有时由企业的高管担任老师，有时看光盘学习，有时请专业的培训师进行针对性的授课。
>
> 持续培训、经常轮岗和大胆启用年轻人，使利安驾校储备了许多年轻的后备干部。用利安驾校董事长马宏的话说："我们再办两所驾校，干部也有富余。"

四、自主经营与承包经营的关系

2009年除夕夜，甘肃某市的某校长一连给我发了5条短信，除第一条短信开头有一句拜年的话外，其余的全是在谈一件事：驾校教练员和车辆是集中统一管理好，还是分散承包好。他告诉我，他们所在的市里其他四家驾校都进行了承包，并取得了初步的效果，他的驾校尽管教练员的年龄和文化程度相差很大，但队伍还不错，他现在很困惑：一方面，自己提出品牌办学已有几年，但起色不大，虽想继续坚持，但又恐难以突破；另一方面，别的驾校都搞承包制，对自己的教练员队伍产生了一定的冲击，自己不搞又担心造成教练队伍的流失。年后他要做出决策，拜托我帮助分析一下。

"承包"一词产生于改革开放之初。当时在农村，对土地实行联产承包，解决了八亿农民的温饱问题。后来，承包延伸到企业，实行划小经营核算单位的承包责任制，调动了员工的积极性，推动了生产力的发展。曾几何时，"承包"成了灵丹妙药，一"包"就灵，风靡全国。近一两年"承包"之风又刮到驾培行业，连"春风不度的玉门关"也受到了强烈的冲击。

如何评价驾校的承包经营，首先要搞清楚承包的内容和形式。就我目前所掌握的情况看，驾校的承包有三种情况。

1. "精细化管理"式的承包

这种承包是在统一教学训练标准、统一服务规范、统一管理要求、统一经营模式的前提下，将招生量、培训量（合格率）、油耗量、车辆维修保养费用等经济指标和安全指标与教练员收入挂钩的"单车承包考核"。这种承包考核往往是在运行质量较好的民营品牌驾校和办校时间较长的国有驾校施行。这种承包，一切都在驾校的掌控之中，统而不死，放而不乱，进退自如，上符合政策，下受到教练员的欢迎，值得推广。

2. "留一手"式承包

这种承包保留部分管理权，下放部分经营权。这种承包的特点是：教练员与驾校签订"车辆经营权转让合同"，约定双方的权利和义务，在管理上接受驾校规章制度的约束；在经营上教练员自主招生，自主培训，自担风险，自享利润。这种形式的承包，在南方某些大城市很流行。这种承包虽有打擦边球之嫌（《机动车驾驶员培训管理规定》明确规定：驾驶培训许可不得非法转让和出租），但还有其可行性，优点是将承包者与驾校结成利益共同体，形成风险共担、利益共享的局面，有效地调动了承包者的积极性，变过去"要他干"为"他要干"，驾校的校长不再考虑最头疼的招生问题，对教练员也基本是多监督，少管理。缺点是教练员们各自为战，很难形成团队的力量，很难打造驾校的品牌，很难形成驾校自己的核心竞争力。因此，这种承包形式还须完善，值得进一步研究。

3."大撒把、大放手"式的承包

这种承包是将几乎所有的经营权、管理权下放给教练员，驾校仅按学员人头收费，仅负责学员档案管理和考试组织。至于怎样招生、怎样训练、教练员盈亏如何，驾校一概不管，教练员有很大的活动空间和自由度，几乎不受驾校的监督和管理。训练遍地开花，不在指定的场地；教学不按大纲，随心所欲；考试通不过，往往要收"通关费"。实行这种承包方式的驾校，也往往允许社会车辆挂靠，以达到利益最大化的目的。这种承包方式，往往是在办校时间较短、运行质量较差的民营驾校中实施。这种承包方式，从形式上看，似乎也体现了复杂问题简单化的管理原则，实际上是用放弃社会责任、放弃管理权力来换取经济利益的一种做法，是一种不合法规、不利学员、有害无益的做法，其主要弊端有：

1）安全无保证。教练员各自为战，训练车变成了私家车，驾校变成了"马路驾校"，致使事故频频发生。而一旦造成事故，驾校必然要被追究法律责任，驾校的法人代表被推到了"火山口"上，随时都可能被拉到被告席。在百度上搜索一下会看到，教练员因酒后驾车，因不在规定的路线上行驶训练而造成的事故案例比比皆是，而这些案例中，驾校无一不承担了巨额赔偿责任。采用这种承包方式后，驾校的风险指数大大提高了。

2）质量无保证。为了保证生源，承包者往往以超低价格吸引学员。为了保证收入，承包者又往往会以增加人员、缩减课时为手段。为了搞好与学员的关系，承包者又往往满足一些学员投机取巧的意愿，帮助其蒙混过关。车辆这样承包后，产生"马路杀手"的概率大增。

3）发展无保证。采用这种承包方式后，教练员就由正规军变成了游击队，他们分散到各个"根据地"，虽能一时生存，但都成了散兵游勇，使这支本来就比较散漫难以管理的队伍，就更加散漫，更加难以管理了。结果，损害学员利益、影响驾校形象的事情，就会时常发生。采用这种承包方式后，驾校无法组织队伍进行系统学习整顿，无法统一思想观念和行为规范，无法打造核心竞争力，无法形成拳头组织大型的招生战役，最终使驾校的竞争力大大降低了。

现在，业内人士所讨论的驾校承包，大都是指第三种形式，某校长所指的承包也是这种。采用这种承包方式的驾校校长，都与某校长一样，有许许多多的苦衷与无奈。他们也都曾踌躇满志，也都付出过艰辛的努力，可始终没有品牌、没有优势，经营不善，为了生存，为了收回投资，不得已而施此下策。这使我想起晚唐诗人聂夷中《咏田家》中的"医得眼前疮，剜却心头肉"的诗句，剜却性命攸关的"心头肉"以疗眼前毒疮，比喻只顾眼前，用有害的方法来救急，实在是迫不得已。

某校长在困惑、在探寻，许许多多有着与某校长一样苦恼的校长在困惑、在探寻。承包，不舍得，不甘心；不承包，起色不大，每况愈下。两难选择，似乎哪条路都走不通。某校长的困惑源于没有从现在的惯性思维中跳出来，没有更新观念，没有给自己进行正确定位。其实，他还有其他选择。他现在所面临的问题，是许多成功的品牌驾校发展初期也都遇到的问题，是完全可以解决的，只要他能借鉴成功者的经验，聘请专业的人士进行指导，站在巨人的肩膀上，他一定会柳暗花明。

第二节
要知道自己的"短缺元素",抓住主要矛盾

每个人都有长处和优点,也有短处与缺点,概莫能外。驾校的校长(老板),当然也是如此。自我进入驾培行业以来,以前,也就是在担任执行校长时,主要研究的对象是教练员与其他员工,因此也就有了从工作中总结而来编著的《驾校教练员的五项修炼》一书。后来,也就是成立了管理咨询公司专门从事驾校管理经营的咨询后,主要的研究对象也就变为各地的驾校和驾校校长了。远的不算,仅 2009 年至今,或应邀讲课咨询,或考察咨询所到过的驾校,在备忘录上有记载的就达 300 多家,而在各地市驾校校长培训班上认识和通过网络结识的校长就更多了。打交道多了,自然就会对人和事进行研究分析,进行梳理分类,因此也就总结出了这样两句话:

第一句话:凡是能办驾校的校长都不简单。

凡是能够进入驾驶培训行业的老板,都不是等闲平庸的人物。这从三个方面表现出来:首先,他们有资本。这说明他们在市场经济的背景下,通过自身的打拼,在一个领域里取得成功,赚取了"第一桶金",完成了资本的原始积累,并准备向更大的目标进军。其次,他们有眼光。他们早就认识到驾培行业是有着较好的盈利前景和发展空间的行业,在别人还没有反应过来时,他们就已经做好了进入的准备。第三,他们有实力。这一市场虽然已经打开,但也不是谁都能进入的,行业管理部门在数量上有所控制,条件上有所限制,没有一定的实力,是很难进入的,即使进入了也很难生存与发展。

第二句话:几乎每个驾校的校长都有自己成长的"天花板"。

这样一群有资本、有眼光、有实力的老板们,义无反顾地扎进驾培市场

的海洋后，如鱼得水的并不多，被呛了一口水的大有人在。原来看似简单的事情，如今在他们面前一下子变得复杂了：协调关系难、内部管理难、市场招生难。为何会这样呢？究其原因，除了市场的变化外，关键是这些老板都碰到了自己成长中的"天花板"而难以突破。主要表现有三：其一，用人上存在家族化的困扰。许多驾校的校长打不开感情上的"离身拳"，用外人不放心，聘专业的人舍不得"银子"，班子不优化，影响了发展的起点。其二，管理上存在无序化的困扰。许多驾校头痛治头，脚痛医脚，没有长远规划，缺乏系统规划，不知道应该先抓什么后抓什么，抓到什么程度，不清楚如何进行规范化教学、精细化服务和科学化管理，影响了发展的速度。其三，经营上存在短期化的困扰。注重眼前利益，忽视长远利益，不是集中精力打造队伍，潜心用心塑造品牌，而是急功近利，大打价格战，影响了发展的高度。

扬长避短是每个企业家成功的秘诀，没有"空杯心态"，不能自我否定，不知借脑借力，就难以扬长避短。世上没有完美的驾校，也没有完美的驾校校长，只有不断地战胜自我，突破自我，才能步入发展的快车道。

150多年前，德国农学家李比希发现了植物生长过程中的短缺元素定律。这个理论主要有以下五点内容：①任何一种植物的生长都需要一定的元素，例如氮、磷、钾等。②在某一时期，植物缺少的只是某一种元素，这种元素被李比希称为短缺元素。③只要增加这个短缺元素，植物就会有一轮新的成长，人们不必去做任何其他的事情，植物就能依靠自己的自我组织能力成长。④不缺少的元素即使增加再多，对植物的生长也没有用处，而且通常会有负作用。例如太多的磷会烧坏植物等。⑤短缺元素永远在变化中，在补足了原来所缺的元素之后，总会有新的短缺元素产生。利用李比希的发现，人们造出了化肥，而化肥的产生使人类粮食的生产能力在短短的十年内提高了十倍。

企业发展规律表明，无论规模大小，无论从事何种行业，没有哪一家企业不存在"短缺元素"问题。事实上，企业在经营管理中存在"短缺元素"

驾校经营方略 第2版

问题,是一种常见现象。驾校校长最重要的任务,就是尽快发现自己在某一个时期内的"短缺元素",集中力量解决它。

从表象上看,驾校的"短缺元素"有哪些?

一、自主招生率低——广告投入不低

安徽北部有所驾校,每年广告投入都不少于30万元,但员工自主招生的比例,也就是学员介绍来的学员只约占总招生量的20%。广告长于知名度,新闻长于美誉度,口碑长于真实度。广告打造出来的是"玻璃品牌",抗风险能力弱;新闻打造出来的是"金银品牌",有一定的抗风险能力;口碑打造出来的是"钻石品牌",抗风险能力强。广告像明星,光彩夺目,转瞬即逝;新闻像萧何,成也萧何,败也萧何;口碑像曼德拉,愈久弥坚,历久弥香。东方时尚驾校十分注重"口碑"的打造,他们用服务链赢得了广大学员的口碑链。学员们说:"东方时尚'让每位学员都满意'八个大字落地是金。"如今的东方时尚驾校越来越多的报名学员大都是通过学员的口碑相传而慕名前来的。

二、合格率低——教练员的收入不低

河南平顶山有所国有驾校,在管理上由于未建立对教练员绩效的有效考核,在教学组织上仍然沿用"最原始"的组织形式。同一车的学员训练进度不一样,训练科目不一样,学员训练没有期限,谁练好了谁考试,没有严格的测试制度,一名教练员"教"2台车甚至数台车的情况成为一种"常态"。2011年1—10月,驾校共毕业学员776人,平均每个教练员每个月只毕业3.5

人，最少的每月只毕业 1.4 人，这是我所知道的最低数字，而民营驾校这一数字一般为 6～8 人。这些数字充分说明，该校训练效率低下，是造成亏损的原因之一。由于这所驾校是国有体制，教练员都是有事业编制的人，基本工资相对较高，合格率提成在收入中所占比例不大，尽管驾校亏损，合格率低，但对教练员收入影响不大。

三、招生价格低——培训成本不低

有些地区的驾校由于行业管控力度不够、驾校之间大打价格战、黑驾校泛滥，造成当地招生价格长期"低空飞行"。与此同时，由于驾照考试手段的不断现代化，考试监控力度加大，致使培训成本不断上升。

表面的现象是内在因素的反映。从本质上分析，影响驾校健康发展的原因，是由经营管理者内在素质的缺失造成的。这些缺失主要有：①思想观念的缺失——经营理念落后，没有现代的服务和营销理念，还是按着传统的小商品经济的思维与惯性开展工作。经营者信息失衡，该知道的不知道，不开会学习文件，不了解上级部门的管理思路，不外出学习同行的先进经验，没能与时俱进。②管理经营的欠缺——仍然按着家族化、作坊式的方式管理现代的驾培公司，不能按照现代企业制度来管理企业，管理上不系统、不科学、不和谐。③员工素质的欠缺——思想观念滞后，职业道德缺乏，理论水平薄弱。他们所具备的知识、素质、修养与其所承担的社会责任、工作任务的要求，存有一定的距离。

西双版纳生长着一种仅有 80 多棵的高大树木叫望天树，最高的达 84 米，它是热带雨林的标志。望天树的幼苗数量成千上万，但由于种种原因很难成长为真正意义上的望天树。中国的驾校多达 2 万所，其中许多具有成为名牌

驾校经营方略 第 2 版

大驾校的基因，但往往解决不了自身的"短缺元素"问题而没能成为驾培行业的"望天树"。

第三节
要避免驶入"战略误区"，时刻保持清醒的头脑

如果不以人为本，则企业没有核心竞争力；如果不以学员为本，唯利是图，伤害学员，则会赢了今天输了明天，最后自取灭亡。三鹿、双汇、锦湖等各种产品质量和服务质量事件，不都是最好的反面教材吗？智者往往善于用别人的教训长自己的经验。我们要做成功者，就应当做一个有智慧的人。

日本企业管理大师士光敏夫有句名言："没有沉不了的船，没有垮不了的企业，一切取决于自己的努力。员工要三倍的努力，干部要十倍的努力。"努力首先是要避免误入歧途，只有在正确道路上的努力，才是有效的。

有位作家说过："如果你的火车行驶在错误的铁路上，那么你所到达的每一个车站都是错误的。"反过来，如果选择了正确的决策轨道，所到达的每一个车站就都是正确的。国际上的一份权威统计报告分析，世界上破产倒闭的大企业，85%是由于企业家的决策失误而造成的。

 一、驾校经营管理中的误区

虽说进入驾驶培训行业的老板都不是等闲之辈，但他们毕竟是进入了一个陌生的行业。由于他们对驾驶培训管理缺乏深入了解，如同"盲人骑瞎马"一样，方向迷失而找不到"北"，一进来就乱了分寸，不知如何应对，

最初的自信和激情也在不断地受挫和消失。驾校开张后,错招迭出,路越走越窄,归纳起来,这些老板们在经营管理中的误区有以下六类。

1．拔苗助长,匆忙开业,没有做充分准备,可谓先天不足

许多驾校在拿到"机动车驾驶培训许可证"之前,已经经历了漫长的"筹建马拉松"。他们跑手续、办执照、征土地、买车辆、招人员……拿到"许可证"时已身心疲惫,再加上投资期过长,往往急于开业,回笼资金。由于在筹建期间没能做到软硬件投入同步进行,只有基建计划,没有员工招聘培训计划,没有制度建设的跟进,临时拉起一支队伍,匆忙开业。结果,开业之时,也就是混乱之时。驾校基础没有打好,效率低、差错多,也就在所难免。由于出师不利,还为以后的经营管理埋下了许多隐患。

2．头痛治头,脚痛医脚,没有长远规划,可谓后天失调

许多驾校的校长由于工作无计划,发展没规划,致使自己像一个消防队员,成天顾此失彼,按下葫芦起来瓢,自己虽然一年到头像陀螺一样转个不停,但到头来驾校还是原地踏步。

3．注重眼前利益,忽视长远利益,急功近利,大打价格战、广告战,可谓饮鸩止渴

再好的广告,如果一而再、再而三长时期地重复传播,人们也会厌烦。曾经流传这样一种说法:中国有三大广告悲剧明星——巨人集团史玉柱、秦池酒厂姬长孔、沈阳飞龙姜伟。姬长孔在总结失败的教训中有一条:当年的秦池只重视知名度,不知道它与美誉度的区别,结果导致秦池接连失误。广告绝对只能是广告,不能绝对地将它的功能进行强化;广告长于知名度,打造出来的是"玻璃品牌",没有抗风险能力。广告永远只能锦上添花,并不能无中生有。广告战可以扩大市场容量和市场份额,但并不能从根本上使甲公司与乙公司不同。广告是一把双刃剑,过度的广告投入会使消费者对产品

产生过高的期望，而当产品稍微有问题，就容易引起消费者的过度反应，或在消费者心中留下难忘的阴影。安徽有个驾校每年广告都要投入三四十万元，可老学员推荐的新学员的比例很低，市场上的口碑很差。现在，校长也知道靠低价格和广告招生不是长久之计，但又拿不出从根本上解决的办法，所以驾校一直起色不大。

4. 重视硬件投资，忽视软件投入，有钱买车，无钱"借脑"，可谓投资失衡

许多驾校的校长没有把引进管理咨询作为一项必不可少的投资，征的地、买的车，甚至种的花木，都是看得见、摸得着的，投资软件则难以评估效果。有的校长则过分相信自己的悟性，有的甚至把引进管理咨询当作一件傻事，是在花"冤枉钱"。其实，这是十分错误落后的观念。"自己抓自己的辫子爬不起来"，提升管理仅靠自身推动是很难的，即使驾校的老板工作作风务实踏实也难以奏效，应该借助外力——借助管理咨询公司来推动。管理咨询公司能将外部有生命力的新观念，以及行之有效的新方法，通过和企业上下的合作，引入企业内部。俗话说得好："外来的和尚好念经"。在管理咨询领域，"外来和尚"本身更加专业化而且可以专心"念经"，其次，老板可以借他们"念的经"把管理意图贯彻下去，从而快速提升驾校整体管理水平。

5. 一味模仿，照搬照套，不得要领，失去自我，可谓"邯郸学步"

有些驾校校长热衷于外出学习，向先进的驾校取经，这本身没有错，但错的是一味模仿，照搬照套。在借鉴别人的经营管理模式时，不考虑别人的天时地利人和，不考虑别人的企业文化背景，不与自己的实际相结合，最后搞得"四不像"，甚至是画虎不成反类犬。结果，别人的优点没有学来，反而失去了自己的优点，使以后的发展更加迷茫。有所驾校已经办出了特色，在当地也有一定的影响，在参观了一所国内名校后，确定了全面学习某某驾

校的方针，各个部门都否定自己，全面移植某某驾校的做法，其结果就是白白走了一段弯路。

6．盲目用人，感情用事，可谓自毁前程

在我国现有的一万多所驾校中，民营驾校占了绝大部分，而其中很大一部分又是家族化管理。不可否认，家族化管理在企业发展中发挥过很大的作用。例如，创业成本低，家族成员通常不计报酬、不计得失；忠诚度更高，依靠血缘、地缘的"亲情"纽带，使得企业组织成本更低；权力集中，快速决策，易于捕捉商机等。但是，由于驾校高管都是清一色的"自己人"，那么家族成员历史的矛盾必然反映到企业里来，虽然企业建立仅仅两三年，可是矛盾会有几十年。另外，家族成员素质的高低也会影响到企业的管理和发展，会影响到非家族化成员的脱颖而出。

在短时间内，许多老板陷入这样或那样的误区，其原因既有客观上的，也有主观上的。从客观讲，原来的那个供不应求、等待排队，学员没有几个驾校可供选择，必须面对十几个甚至几十个人共用一辆车的问题，必须忍受教练的吃拿卡要、粗暴对待的学车年代已经一去不复返了。随之而来的，是规范化教学、精细化服务、科学化管理、充分化竞争。而有些老板从各个方面都准备不足。从主观上讲，大部分老板对市场营销和企业管理的知识知之不多，更谈不上系统地学习研究。仅凭以往的经验进行管理，难免不犯错误，有的错误甚至犯得太"小儿科"。

二、中小型国有驾校的几种"死"法

长期以来，国有驾校曾经是我国驾培市场上的主力军。允许社会化办驾校以后，许多国有驾校或者改制，或者转让，或者易帜，以不同的形式纷纷退出。但也还有少部分国有驾校艰难地生存下来，像北京的公交驾校、南京的狮麟驾校，仍然与时俱进，保持良好的可持续发展的势头。而许多中小驾校，由于受到种种制约，大都活力不足，有的更是举步维艰，朝不保夕。这些中小驾校面临的问题导致的"死"法，至少有以下两种。

1. 抽血抽"死"

在中原地区有所事业编制国有驾校，1994年建校，在2003年以前市场份额一直占据着当地驾培行业的半壁江山。然而，从建校以来，上级机关除了每年都要安排人员外，还让驾校承担额外工资支出，并逐渐增加，结果使其不堪重负。由于这所驾校负担沉重、人浮于事、企业衰败，用于训练的"皮卡"早已过了报废期，连驾驶座都无法调整，训练场也已碎石裸露。与其形成鲜明对照的是，民营驾校生机勃发，他们拥有新车辆、新场地、新机制，使得这些新驾校后来居上。2011年这所驾校市场份额下滑到4%，亏损超过一百万元。目前，这所驾校还在艰难的挣扎之中。显然，如果不改制，这所驾校关门是早晚的事。

2. 体制困"死"

有所国有驾校，有60多名员工，1名校长，5名副校长，教练员27人，后勤人员却高达29人。干部是上级任命的，员工是有编制的；干部是能上不能下，人员也是能进不能出；教练员出工不出力，干好干坏一个样。有关系、有能力的人，纷纷逃离训练一线。面对着"铁饭碗""大锅饭"，为了完成"保持稳定"的任务，新任校长难以施展拳脚，只能是无奈维持。

三、民营驾校的几种"死"法

市场竞争是残酷的,"物竞天择,适者生存"。如果不下力气提高员工的素质,不打质量仗、服务仗、文化仗,不进行差异化经营,不塑造自己的品牌,结果只能是落伍,被淘汰。除了自己经营不善,自己打败自己之外,还有另外几种"意外"的"死"法。

1. 被不良"婆婆"刁难"死"

南方有所民营驾校建立于 2004 年,是当地第三家驾校,也是唯一一家民营驾校,前两家是国有背景的驾校。成立之初,为了打造品牌,这家民营驾校狠抓队伍,严抓训练,无论是教学训练态度,还是训练时间的长度,都优于、长于两所国有驾校,但是考试合格率被考官人为地控制在 40% 以下,大量的学员要求退学,驾校经营出现严重危机。有考官私下里告诉这个民营驾校的校长:"我们也是没有办法,有领导暗示压你们的合格率,我们不这样做就有拿了你的钱之嫌。"在眼看着自己辛辛苦苦拼搏半生才建立起来的驾校就要关门之际,这位校长抱着破釜沉舟、鱼死网破的想法,找到了市公安局长反映问题。在公安局长的大力干预下,这所民营驾校才有了相对公平的竞争环境,起死回生。多年以后,回想起创业的艰难,这位校长感叹道:"最困难的时候,自己关掉手机,躺在沙滩上,自杀的想法都有,幸亏遇到了满身正气有原则的好局长,这个局长没有抽我一支烟。"这所民营驾校是幸运的,但还有许多民营驾校仍然面临不良"婆婆"的刁难,驾校前景难料。

2. 被无德员工败坏死

2011 年 7 月,西南某市一所驾校,发生了一起学员自杀的事件。一天下午一名吴姓男学员在该校公用厕所旁的水管处呕吐，其呕吐物为暗绿色，并站立不稳。该学校一教练员发现后，马上与其他学员一道将其扶到教练区域内的学员休息处休息。教练员立即将情况告知学校领导及管理人员。市人民医院救护车将吴姓学员拉至人民医院进行抢救，经抢救无效死亡。据医院医生介绍，当事人因喝"百草枯"而呼吸衰竭，导致死亡。该事件发生后，市委、市政府高度重视，迅速成立了以各相关职能部门人员组成的调查小组。后据相关的报道，事件的发生源于教练员吃拿卡要和刁难，吴姓学员报名后迟迟得不到正常训练和考试。这所驾校被停业整顿，据说现在已经转让。

3．被恶性事故赔偿"死"

2007年12月13日清晨，某驾校两名教练带领三名女学员在去西宁市考取驾照的途中，所驾驶的桑塔纳轿车在兰州市南滨河路突然驶入逆行车道，与一辆由西向东行驶的18路公交车迎面相撞，由于两车相撞后卡在一起，轿车整个车体完全陷进公交车右前角的底盘。消防官兵到达现场后，发现车内被困五人，经120急救人员现场诊断，五人已全部死亡。因驾校是一人出资的有限公司，出资的校长不能证明驾校的财产独立于自己的财产，因此出资的校长应当承担连带赔偿责任。一审判决赔偿三名女学员两名教练员近百万元。这所驾校也因此关门。

4．被贪心不足撑"死"

2007年春节过后，我国西南某省会城市出现了一起驾校严重超出自己的培训能力而大量招收学员，造成6000多名学员积压，最后由于资金出现问题，造成驾校停业关门，导致大量学员上访的群体事件，引起了国内驾培行业的关注。这所驾校的"死"因，除了有低价竞争、盲目招生的因素外，主要是"死"于贪心不足，小马拉大车。

第三章

校长篇

  我国近代著名的教育家陶行知说过:"校长是一个学校的灵魂,要想评论一个学校,先要评论他的校长。"一个驾校里往往有两个关键人物:一个是董事长——老板,一个是职业经理人——总经理。老板的智慧集中表现在断事决策上,而职业校长的智慧则集中表现在谋事和干事上。

第一节
做一名"五项全能"的校长

　　许多驾校投资人往往兼任校长,也有的驾校聘请了职业校长。投资人,我们俗称为"老板"。每个人都不可能是全才,不可能十八般兵器样样精通。老板和职业校长也是如此。老板之所以请职业校长,就是要弥补自己的不足,达到互补双赢的目的。如果不能双赢,首先要清楚自己的短板是什么,老板和职业校长应该各具备哪些能力。只有这样,才能找对人、定准位。

　　作为老板,只要具有四项能力,就是一个有造诣的老板。这四项能力是:发现机遇和把握机遇的创业能力;整合社会资源的社交能力;承担风险的决策能力;发现和使用人才的识别能力。已经办起驾校的老板,大都具备了上述四项能力的前两项,或者前三项,四项都具备的,却为数不多。要想做强做大,做成百年企业,不借脑是不行的。要想实现跨越式发展,不聘请高素质的职业校长也是不行的。老板的智慧集中表现在断事上,而职业校长的智慧则集中表现在谋事和干事上。驾校是一个技能培训的教育实体，没有一个高素质的驾校校长，怎能产生出高素质的驾校？一个理想的职业驾校的校长，应该具备哪些方面的能力呢？我认为应该具备以下五点。

一、打造队伍，提升员工素质的能力

一个合格的、优秀的驾校校长，首先应该是一名能把先进的职业道德、服务意识和科学的驾驶培训理念移植给员工的培训师，应该是一名能够上得了讲台培训教练的教练，是一名世事洞明的管理者。职业经理人的"经"，经验也；职业经理人的"理"，理论也。我要求我的团队成员必须能够完整地讲《驾校教练员的五项修炼》，能够单独组织"王牌教练员十关培训营"。我经常听到，许多职业校长抱怨员工的素质低，尤其是教练员素质低。听到这种抱怨后，我常常会问："你当了几年的校长了？"紧接着我会说："当年你接手时，员工素质低不是你的问题，你接手几年后员工素质原地踏步提高不多，那就是你的问题了。你是带队伍的人，你要有能力提升队伍的素质。"2012年端午节前一天，我在河南省灵宝市的一所驾校主持办公会，研究驾校的经营理念。当讨论到"用六项承诺来表现我们是值得信赖的驾校"时，两位副校长、一位总教练不约而同地谈到教练员的素质有待提高的问题。我接过话头说："不错，教练员的素质是有待提高，但是你们有招聘员工的取舍权，有员工的管理培训权，有奖惩权，你们在提升员工素质中做了哪些工作？提高员工素质不仅是老板的职责，更是你们的任务。"

人才是企业最大的资产。作为职业校长，如果不能给驾校培养干部人才，就等于没有给企业留下接班人，留下"后代"。第二次世界大战时期，美国总统罗斯福说："领导者最害怕的是，你在前边跑，而回过头来看身后，没有一个人跟得上。"其实,很多企业都会把培养人才作为经理人的重要职责和考核内容。例如宝洁公司,每年的经理人考核指标中就有"人才培养"这一项。如果这项考核不及格,他整个年度的综合考核则不过关。华为的规定更干脆:没有培养出接班人的经理人不能晋升。

驾校教练员队伍综合素质的高低,决定着驾校竞争力的高低。一个优秀的驾校管理者,一定要做到能上讲坛,大会能讲大道理,小会能讲小道理,不断提升教练员队伍的素质。每个人一生有三位老师:父母、学校老师、单位领导。提高员工的素质,是单位领导义不容辞的责任。这不仅对企业的可持续发展有利,而且对提高我们的综合国力也有利。

二、掌控队伍,提升内部管理的能力

在管理联想的过程中,柳传志提出了一个著名的"管理三部曲",即"建班子、定战略、带队伍",其中"带队伍",不仅要有效掌控好队伍,更要打造队伍的作风。带队伍,不同的人可以有不同的风格,但要求大致是一样的;最低的要求,是要看好自己的门,管好自己的人,不出乱子;中级要求,是按部就班,有条不紊,老板在和老板不在应一个样;高级要求,是队伍每年都有新的起色,每年都有新的进步。在驾校里有没有一个职业校长"掌控队伍,提升内部管理的能力"的检测指标呢?由于不同驾校规模大小不一样,所有制形式不一样,发展阶段不一样,很难制定出一个规范标准的检测指标,但下列内容可供参考。一个称职的驾校校长要做到:能够制定和落实教练员综合管理规定,能够严格进行绩效考核;能够将合格率、招生量、服务满意率、综合考核得分、耗油量等信息有效采集并按月度公布、讲评,并以此为依据对教练员进行末位淘汰;能够制定月底、季度、年度工作计划并组织实施，有布置，有检查，有指导，有总结；能够定员、定编、定岗、定责，不断地完善和落实制度，逐步实现精细化管理。掌控队伍，就要不仅敢管，还要善管，要熟练地使用精神、物质、思想、组织各种手段，既要保持队伍的稳定，又要不断前进。

三、科学训练，提升考试效率的能力

　　能够将应试训练和养成式训练有机结合，有效地将训练与考试衔接好、组织好，保持合格率名列本地区前茅，从而使老板的效益增加、教练员收入提升。要达此目标，关键要有能力统一训练规程和教学方法。现在，许多驾校还是"自由训练法"，教练员们"每人一把号，各吹各的调"。这必然会使合格率大打折扣。此外，还要有能力开展训练教学大比武活动，通过竞赛，不断提高员工的业务能力。北京公交驾校的领导为了提高员工的综合素质，每年都会开展各种不同的业务竞赛活动。2011年夏季，北京公交驾校在全校范围内开展业务知识普及、考核和竞赛工作。各部门根据各自的专业特点汇集和上报了各类300余道专业知识题目，经企管部梳理、汇总，向每位员工发放了"公交驾校业务知识题集"，并形成四套考核试卷，然后组织全体员工学习考试。这项活动的开展，对提高各部门的工作效率产生了积极的推动作用。

四、全员营销，提升招生价量的能力

　　许多驾校校长有着多年的驾培从业经历，熟悉训练考试流程，长于内部

驾校经营方略 第2版

管理,而对于招生与营销工作则没有经验。他们总认为,那是老板的事,或者是别人的事。这一观点是错误的。招生是驾校第一位的工作,没有生源,一切都无从谈起,而招生和培训是不可分割的。一个不会抓招生的校长,是一个"跛腿"校长。这样的校长,要尽快弥补自己的短板,要锻炼和提升自己能够根据不同的季节、不同的消费群制定不同的招生方案的能力,运用不同的手段,通过不同的渠道,完成招生计划,在价格稳定提升的情况下,使招生量也逐步提升。一个两手都抓、两手都硬的校长,在工作中应自觉做到"四个同时",即:在制定训练计划的同时,要制定招生计划;在布置训练工作的同时,要布置招生工作;在检查训练工作的同时,要检查招生工作;在总结训练工作的同时,要总结招生工作。

五、构建文化,提升企业品牌的能力

有人把职业经理人分成三类:三流的经理管事,二流的经理管人,一流的经理创建制度、机制、文化、模式。由此可见,能够构建企业文化是职业经理人较高的管理境界。构建企业文化,可以聘请专业的管理咨询公司协助,但不能完全依赖。其原因有二:一是专业管理公司对企业的过去和现在,对企业的背景和特点等的了解程度不如职业经理人;二是企业文化提炼出来后如何落地、如何贯彻宣讲,还要靠职业经理人。因此,一个称职的、一流的驾校校长也应该是策划师。云南一乘驾校常务副校长焦路先生,就是这样一位懂管理、会经营,又有一定策划能力的职业经理人。焦路副校长经过深思熟虑,根据一乘驾校起点高、规模大、模式新、建设快等特点,为一乘驾校提出了"一秉至公,乘时乘势"的核心理念。提出之时,领导班子意见有些分歧,后来在我作了诠释后,大家统一了思想。我是这样诠释的:"一秉至公，一乘驾校全体员工秉承公众利益大于公司利益、公司利益大于个人利益的原则，一心一意致力于驾培事业，为社会培养合格的机动车驾驶人。乘时乘势，一乘驾校全体员工乘我国改革开放经济快速发展之机，乘建设中国特色的社会主义之势，把一乘驾校建设成国内一流的旗舰式驾校。"

五项能力都具备，那就是全能运动员，就是全才。这种全才是稀缺的，是可遇不可求的。作为老板，对职业校长不可求全责备，不可要求完美。实际上，只要具备二、三、四项能力也基本上算作一个称职的校长。一、五方面的能力和工作可以通过专业的管理公司和团队的协助来实现。

职业经理人是在帮助别人实现价值时体现自己的价值，是在用自己的努力实现老板的想法，用自己的能力纠正老板的错误。在实际工作中，职业校长与驾校老板由于所处的位置不同，思想观念和知识结构不同，思考问题的角度和经历不同，有许多的碰撞与磨合在所难免。这需要有一个相互适应，甚至是相互改造的过程。而在这一过程中，双方都会产生一定的苦恼。有些职业校长的许多苦恼，与自己认识上的误区有关。他们在处理与老板的工作关系上，主要有以下误区：

误区之一：老板整天不见人，无法沟通。与老板充分沟通，才能够得到老板的信任；得到信任，才有尚方宝剑；有尚方宝剑，才好发号施令。老板处于强势地位，应该主动地与职业校长沟通。老板也是普通人，而且工作更忙、压力更大，未必会把这件重要的事做好。在考察驾校时，在校长培训班上的课余时间，许多职业校长向我抱怨："老板整天不见人，多疑，偏听偏信，我的工作很难开展。"我对他们说："在驾校里，除了老板没有比你更重要的人。这点老板更清楚。我们不能堵塞老板的其他信息渠道，但你掌握的情况更多，你与老板的汇报要成为老板的信息主渠道。你与老板的沟通，要有多种渠道和方式。当面沟通，当然是最好的方式。而重要问题的处理，最好是书面沟通。其次，要把电话沟通、短信沟通、网络沟通作为有效的辅助方式。"与老板沟通，要有"一日不见如隔三秋"的感觉。作为职业校长，在与老板沟通时，除了建立定期办公会沟通机制外，还要尽量按照老板喜欢的沟通方式进行。无论用哪种方式沟通，为了取得满意的效果，在沟通之前都要把沟通内容在脑中过滤一遍，想清楚，做到事先充分准备，甚至要写在工作手册中。沟通的内容，一般不外乎这些问题：为什么？要争取达到什么目的？要告诉老板什么内容？要与老板讨论哪些问题？要给老板说明解释什么？要向老板征询什么意见？要向老板了解什么信息？要向老板申请什么资源？……当有一天你无法与老板进行有效沟通时，不能有效地说服老板时，那也就意味着你的职业生涯岌岌可危了。

误区之二：老板不做"恶人"，我也不做"恶人"。驾校的老板相当于公司的董事长，主要负责战略决策和重大问题的处理；而职业经理人就是首席执行官，发现问题、处理问题是他日常的工作。如果职业经理人长时间发现不了问题，就是最大的问题，你不敢得罪员工，那你就要得罪工作。因此，作为一名驾校的职业校长敢不敢当"恶人"，既体现了你的职业精神、职业能力，也往往是老板检验你责任心、忠诚度的"试金石"。其实，有许多驾校的老板聘请你来时，知道你并没有多么高的管理经验水平，请你的一个原因，就是让你当"恶人"的。当教练员或者客服人员违规违纪、工作消极、损害驾校的品牌时，作为职业校长的你，不能保持沉默，指望以后此类事情会自然解决，而要勇敢地说出不受下属欢迎的话，做出不受下属欢迎的决定。不管你出于同情也好，出于不愿得罪人的心理也罢，如果不作处理，或处理不到位，就是在纵容他们。当事人不思悔改，其他人加以效仿，恶性的行为还会在驾校里蔓延。对犯错的员工批评处罚，帮助他们改正错误，提高能力，既是履行自己的管理职责，也是对下属的前途负责。如果你能正确把握好批评处罚的方法艺术，"恶人"就不一定会得到"恶报"。

误区之三：拿多少钱，做多少事。如果单从简单的"等式"关系来说，这句话并没有错误，但这是职业经理人的大忌。在现实生活中，很多有这种思想的职业经理人最后的职业生涯都很差，为什么呢？"拿多少钱做多少事"，显然饱含着抵触情绪，是一种受尽委屈的气话，所表现出来的，是一种消极的心态。2009年，我不再做驾校的职业经理人，转而做驾校管理咨询后的第一个客户，就遇到了这种情况。老板说："谁给我挣1000万元，我就奖励他100万元。"担任职业经理人的副校长私下里向我发牢骚说："给我100万元，我就给他挣1000万元。"来到一个新的企业，尤其是民营企业，你要求的工资高了，而你的业绩和老板的期望值有很大的距离，你会有很大的压力。你不提工资的高低，只要你在企业里能伸上手、说上话、使上劲、有作为，工资低了，老板会怕你流失。很多时候，职业经理人是会受到很多委屈的，但是作为职业经理人，你的心胸就是要比一般人宽广才行，你的眼光要比一般员工长远才行。老板用人都喜欢观察试用，这在全世界都一样。如果你的老板只给你一个普通员工的工资，而不给你加薪，你多做一点事情就感到委屈，那样你就会失去表现的机会，也就放弃了升职的机会，你的路会越走越窄。

误区之四：老板朝令夕改，我没法开展工作。老板朝令夕改，想法变得太快，让我们无所适从，这是目前民营驾校，或者民营企业普遍存在的现象，也是职业经理人要面对和解决的问题，无需抱怨。老板之所以经常朝令夕改，经常变化决定，说明老板还不懂这个行业、这个专业，说明老板还处在"摸着石头过河"的探索阶段，说明这个企业还没有建立起来完善的决策和办公制度。这也正是你大显身手的时期。老板聘请你来所看重的，正是你的专业知识与能力。你在这所驾校或者这个公司的地位与作用，也就是在这个时期建立起来的。

误区之五：老板不舍得花钱，我的想法实现不了。2012年的春季，我应邀到一所沿海城市的驾校讲课咨询。主持日常工作的职业校长，在交流中向我大倒苦水：教练员工作服旧了不舍得换，什么东西坏了不舍得修，过节的福利不舍得发放……我的工作没法开展。这所驾校是所在的县级市三所驾校中投资额最大的，也是硬件设施最好的一所。我向这位校长提问："为什么老板能花大钱而不肯花小钱？"我接着向他提问："更换工作服后，你能不能出台一个着装规定，让员工的精神面貌由此有个明显的改观？有许多不用花钱反而更为重要的工作，你是否已经做好了？福利待遇上去了就下不来，应该循序渐进，你是否考虑过？让老板花钱，你要给他承诺，让他看到结果。"有钱好办事，这自然是个真理，但作为一个职业经理人，我们首先是帮着老板挣钱的。该投入的钱，我们一定要千方百计地说服老板投入，例如员工的培训，因为不投入就会影响企业可持续发展，就会影响我们驾校的竞争力；该节省的钱，我们也一定要千方百计地替老板节约，因为职业经理人也是管家。

第二节
做一名"敢管"与"善管"的校长

一名称职的管理者是什么样子，仁者见仁，智者见智，十个人可能会有十种说法，但"敢管"和"善管"肯定是一名称职的管理者不可或缺的基本素质。我之所以这么说，因为这是我从所见所闻得来的一种切身感受。

一位辽宁的驾校校长给我留言："南老师，我现在的困惑是，现有职工情绪不高，工作责任心不强；后续职工招聘缓慢，决定着现有职工无论好坏都只能对付着用，因为有总比没有强。这让我现在很头疼，有些制度没办法执行，管理效果大打折扣。"辽宁这位校长的困惑也是许多校长共同面临的困惑。驾校没有多余的人，更没有后备的教练员，一个萝卜一个坑，一个教练一辆车，每辆车上都有大量待训的学员。一旦对教练员实施停职待岗或除名决定，不是怕学员没人带影响效率，就是怕教练流失会导致学员流失。于是被迫降低管理力度，对教练员的违规违纪睁一只眼闭一只眼，甚至有学员投诉时还帮助教练员解释与掩护。由于在管理中"怕"字当头，久而久之，制度名存实亡，潜规则盛行，驾校没有了竞争力。其实，对于驾校教练员数量与教练车数量的比例，国家是有明文规定的，即驾校教练员与教练车要按照1.1∶1配备。

严格管理是管理策略中的"重武器"，是最具效率和执行力的一种管理方式。俗话说："严格管理出效益，严格管理出业绩"。正是严格管理、科学管理，保证了企业产品的质量，保证了设备的安全运行，提高了企业的经济效益。一名管理者要该出手时就出手。瞻前顾后，疑虑重重，下不了手，是打造不出职业化的教练员队伍的。许多成功的驾校是这样走过来的：首先，下大力气培养一群"狼"，即后备的教练员队伍，然后逐渐淘汰队伍中职业道德和教学能力有问题者，经过"大浪淘沙"逐渐实现队伍的职业化；其次，宁可停车停训，宁可校长亲自上车训练，也要坚决处理那些有违职业道德、有损企业形象的人。有不一定比没有强，如果筐里有一个烂苹果，不早捡出来，还会导致其他苹果加速腐烂。

如果说"敢管"是一个有关魄力的问题，那么"善管"就是一个有关水平的问题了。

我曾经在考察杭州的一所驾校时，参加了一个由分校校长召集的教练员工作会。这位校长还是有相当的专业素质和负责精神的，会前做了比较详细的准备，通报的情况打印成表，人手一份；讲述的内容做成课件，投放到屏幕上，一目了然。但在通报教练车违法情况时（杭州的驾校大都允许教练员将教练车开回家），许多教练员不以为然，大声辩解。有一个违法最多的教练员，理由也最多，声音也最大，会场气氛有点乱。

管理，只有"理"得清，才能"管"得住；反之，"理"不清，则"管"

不住。在实施管理中,要先"理"后"管",多"理"少"管",不能只"管"不"理"。按规定,教练车是不能开回家的,因为教练车只能在指定的路线上训练行驶,校方允许教练员将车开回家,是为了方便教练员上下班,也是为了顺便接送学员。这里姑且抛开这种行为的违规性不谈,作为一名教练员开着有驾校名称和标志的教练车带着学员多次违法(被电子眼拍到的可能还是少数),抛开这个不允许之"理",起码还有三个方面的于理不容:其一,有害于社会。每次违规,都是在打破驾驶的约定俗成,都会让其他驾驶者与行人措手不及,都会对其他驾驶者和行人造成威胁,试问一个不把交规当回事的人如何可以当教练员?其二,有害于学员。师者,学高为师,身正是范。教练员是技能型教师,本应该成为和谐交通、安全交通的使者,却做了反面的示范,无形中在培养马路杀手。其三,有损于驾校形象。每次违法,都会有很多人看到。人们自然会说,千万别到这所驾校学车,这个驾校的教练员开车都违法。因此,教练员的每次违法,都是给驾校的品牌抹黑。在把这些教练员开着教练车违法的"理"讲清后,就应该公布管理规定,比如不但要自己交交警的罚款,还要交驾校的罚款,违法累计多少次后,就不允许将教练车再开回家。简单地只公布违法结果,不把理讲透,自然也达不到应有的管理效果。

一、"善管"要从思想管理入手

在建筑学上,盖房子必先打地基,这是常识,地基不深,则房屋不牢;在管理学上,出台制度措施,首先要更新观念,这也是常识,思想观念不到位,则制度措施往往会名存实亡,流于形式。你想打造驾校的服务品牌,首先就要灌输"工资是学员发的""学员的感觉是检验你服务效果的唯一标准""劣质服务就是砸驾校的品牌、砸大家的饭碗""差不多过得去的教学与服务无异于自我淘汰""服务就是招生、就是广告"等观念。要大会讲，小会讲，天天讲，造成强大的舆论氛围。然后出台服务制度，建立监督渠道检查落实，再奖惩总结，一环扣一环地展开。没有思想的调整、观念的更新当前奏，做基础，后面的工作便无法开展，也开展不好。许多驾校的校长希望能从我这里得到成套的管理方案，我的回答是：在没有打好思想基础，不能按照一个科学的体系循序渐进地推进的情况下，给你一套管理方案，很有可能的结果是，不但达不到预期的效果和目的，反而会坏了"经"的名声。

我作为一名专门从事驾校经营的管理者与实践者，在全国各地的讲座中，有两个体会：第一是外来的和尚会念经，而且是一个有着某些光环的和尚，可能更有说服力。第二是驾校的校长往往又是投资人，他和员工之间存有利益上的劳资矛盾，许多话不便说，不好说，而我则可理直气壮地说。

在未来，在国外，在其他行业，管理是否要从思想入手，我没有进行过深入的思考和研究。但在目前，在中国，在驾培行业，管理要从思想入手，这是规律。

二、"善管"要当善于处理好三者利益关系的校长

"善管"，目的在于要营造出和谐的关系。俗话说得好："一个篱笆三个桩，一个好汉三个帮。"在现代社会中，任何人要完成一项事业，离开社会、离开群体、离开他人是不可能的。既然办事离不开群体，当然就有一个人际关系的问题。对此，我国人民早有认识，素有"天时不如地利，地利不如人和"的说法。治理国家要理顺人际关系，所谓"政通人和"；经商贸易要搞好人际关系，所谓"和气生财"；带兵打仗要依靠人际关系，所谓"步调一致才能得胜利"。驾校是一个很大的群体，如果没有和谐的人际关系，就会各自为政，甚至相互

拆台,是注定要失败的。只有把各种利益关系调整得和谐融洽了,进入了良性循环,驾校才能具有较强的竞争力,才能健康、持续发展。

我在对南方几所驾校的考察中发现,许多驾校学员、教练员和驾校老板的三者关系仍然在恶性循环中不能自拔。这使我再次想起了那个老掉牙但又很耐人寻味的故事:有一个国外的企业家考察团到国内一家企业参观考察,时值午饭时间,他们来到职工食堂,看到老板给职工提供的是廉价劣质的饭菜,国外的企业家说:"吃这种饭就不应该给他干活。"下午来到车间,他们看到的是职工们在吊儿郎当、漫不经心地工作,没有效率,没有质量,于是国外的企业家又说:"干这种活就不该给他们饭吃。"陷入恶性循环的驾校三者的关系现状是:学员抱怨教练员服务态度差,缺乏职业精神;教练员抱怨驾校老板给的薪水低,福利待遇低;老板抱怨教练员效率低、素质差,带不来回头客。在抱怨中,学员拒绝给驾校介绍新学员;在抱怨中,教练员不思进取,得过且过;在抱怨中,老板丧失信心,维持现状。在这恶性循环的关系中,学员、教练员、驾校老板都是痛苦的。

教练员可以拿高工资,但这必须以提高自身素质、改善服务态度和以更多的付出为条件;驾校老板可以增加工资支出,这既可以稳定员工队伍,又可以增加管理力度,但必须以教练员训练质量的提高,服务质量的提高,进而带来学费的提高为条件;学员可以多交学费,但必须以物有所值,享受应有的尊重,达到自己的服务预期为条件。显然,在三者关系中,有了一个方面的关系改善,就会带来另外两个方面的关系改善,就会使三者关系步入良性循环。那么,首先应改善的是哪一方面和环节呢?毫无疑问,在三者关系中,学员和教练员是被动的一方,只有驾校的老板是主动的一方。因此,驾校的老板要首先做出改善,改善的方法是先对教练员进行从职业观念到职业技能的培训,然后制定新的职业标准,达到新的职业标准的教练员执行新的工资标准。这样教练员们要想提高地位,增加收入,就要从自身做起,从现在做起,苦练内功,提高素质。否则,高工资不属于你,属于你的只是被淘汰。

海尔集团张瑞敏对什么叫作"会管理"是这样解释的:"一是能够严格管理,敢于为工作得罪人,企业利益第一。如果个人利益第一,把不得罪人建立在得罪工作上,那是企业绝对不允许的。二是科学管理,推行目标体系管理。三是不断创新,提高劳动生产率。"从张瑞敏的论述中不难看出,"会管理"其实就是"敢管"与"善管"的问题。管理既是一门科学,也是一门艺术。驾校管理既有管理的共性,也有管理的个性。"敢管"与"善管"是一名称职的驾校校长每天都要面对和修炼的题目。

第三节

做一名会系统掌控工作的校长

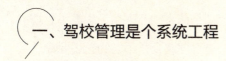

一、驾校管理是个系统工程

有些校长务实能干,事必躬亲,集财务、人事、训练、招生大权于一身,驾校的所有工作都要靠他亲力亲为,头疼医头,脚疼医脚,陷入事务主义圈子,整天疲于奔命,很是辛苦,到头来力没少出,驾校起色不大;还有一种校长只管大事不管小事,理想高,要求高,整天闭门沉思,寻求一劳永逸的经营管理对策,其结果是脱离实际,驾校依然如故;还有的校长虚心好学,从这家引进一个口号,从那家复制一个做法,最后不仅没能集各家之长于一身,反而失去了自我。于是经常有不同区域的校长向我提问:驾校校长应该抓哪些事?怎么抓这些事呢?

管理既然是一门科学,就必然有规律可循,按照规律办事,就会事半功倍。驾校是教育行业，从事着一种实用技能的教育，因此要按教育规律办事；驾校是服务行业，是一个有着严格的行业准入门槛且又竞争十分激烈的服务企业，因此要按服务行业的规范理念办事；驾校还是危险性很强的经营性企业，有许多特殊的规律要遵循。许多过去从来没有涉足过教育和企业管理经营的老板，担任驾校校长后，一时找不着"北"，甚至误入歧途，都是可能的。通过对近百名驾校校长的接触了解，通过对他们得与失的分析，通过对他们的成功与失败的总结，我认为驾校的校长在安排自己的工作时，要注意以下两点。

1. 要学会系统地抓工作，不要盲目地抓工作

在此，我不想对在驾校管理中哪些是大事、哪些是小事作出过多的分析和评述。我想强调的是，驾校的校长大事要抓，小事也要抓，但更重要的是要学会系统地做事。根据我这几年从事驾校管理的实践，我认为，驾校校长要始终抓好三个系统的工作，建立起三个体系，即：要建立科学的培训体系、完善的服务体系和立体的营销体系。三个体系相互联系，构成了驾校工作的一个整体。这就像一个人的健康，仅靠合理膳食是不够的，还要靠适量的运动和心理的平衡。因此，驾校校长抓工作要有全盘棋的意识，既要攻守兼备，又要调动好每个棋子。如果你没有计划性，没有整体性，今天出了个交通事故，你抓安全；明天有学员投诉，你抓服务；后天生源短缺，你又抓招生。这样做，你永远是救火队长，只能被动地疲于应付。

2. 要学会请人帮你抓工作，不要凡事亲自抓

能办驾校的老板没有一个是简单的，他们普遍有眼光、有资本，往往还有背景。但是，他们也与许多人一样，有一长也有一短，往往对教育、管理、营销策划缺乏系统学习和实际经验。有的校长对谁都不放心，凡事只有自己抓才踏实；也有的校长身边没有几个人可用，不得不亲自抓。虽

然自己也不懂，但赶鸭子上架，没办法，只有慢慢学慢慢悟。大家都知道，得人才者得天下。就像汉高祖刘邦，"夫运筹帷幄之中，决胜千里之外，吾不如子房；镇国家，抚百姓，给馈饷，不绝粮道，吾不如萧何；连百万之军，战必胜，攻必取，吾不如韩信。此三人者，皆人杰也，吾能用之，此吾所以取天下也。"一个驾校的成功，既要有好经，还要有好和尚。因此，驾校的老板既要有一个顾问，给你制定正确的发展战略，给你出谋划策，更要有几个有执行力的助手帮你实施战略。如果把驾校比作"一个篱笆"，那必须要有负责招生的、负责培训的、负责关系协调的"三个桩"。请人帮你做事，要舍得。智力上的一分投资，收回的不仅是十分财力上的回报，还有发展时间上的提速和发展空间上的拓展；请人帮你做事，关键要有容人之量。思想和人格上的独立是人才的特质，没有信任和理解的环境，也就留不住人才。

二、系统管理要从构建组织体系开始

> 三个和尚在一所破寺院里相遇。
> "这所寺院为什么荒废了？"不知是谁提出的问题。
> "必是和尚不敬，所以香客不多。"甲和尚说。
> "必是和尚不虔，所以菩萨不灵。"乙和尚说。
> "必是和尚不勤，所以庙产不修。"丙和尚说。
> 三人争执不休，最后决定留下来各尽其能，看看谁能最后获得成功。
> 于是，甲和尚化缘讲经，乙和尚礼佛念经，丙和尚整理庙务。果然香火渐盛，原来的寺院恢复了往日的壮观。

> "都因为我劝世奔走，所以香客众多。"甲和尚说。
>
> "都因为我礼佛念经，所以菩萨显灵。"乙和尚说。
>
> "都因为我勤加管理，所以寺务周全。"丙和尚说。
>
> 三人争执不休、不事正务，寺院里的盛况又逐渐消失了。就在各奔东西的那一天，他们总算得出一致的结论：这里寺院的荒废，既非和尚不敬，也非和尚不虔，更不是和尚不勤，而是和尚不睦。

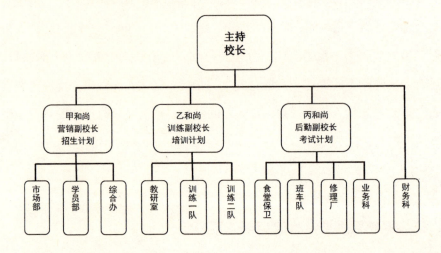

驾校该不该设副校长，应该设几个，他们应该如何分工，这不只是一个对当初跟着老板打天下的人论功行赏的问题，不是个简单的论荣辱、排座位、分金银的问题，而是一个运作模式、工作效率、控制体系的问题。

说到底，驾校经营管理也就是"三个计划"，因此，需要"三个和尚"。首先是招生计划、招生工作。对驾校而言，没有生源一切无从谈起。因此，要有"甲和尚"跑千家万户，说千言万语，想千方百计，完成招生工作。有了生源就需要有培训计划，要有人管理，负责训练培训，念"培训训练经"，那就是"乙和尚"。培训好了，考不过去，拿不到驾照，说明我们的工作链条没有结束。根据目前我国驾校管理和驾照管理的实际情况，驾校还需要有个人负责考试计划，负责花钱，负责后勤工作，这个人就相当于丙和尚。

根据上述分析，驾校的三大块工作可以分别由三个副校长负责，其具体职责如下：

1. 经营副校长（甲和尚）——负责驾校的招生工作与日常管理，保证招生计划的完成

①招生工作：建立招生网络，制订招生方案，落实招生计划，培训营销人员，组织全员招生。

②宣传和广告工作：建立驾校的网站、公众号，定期更新，保持网站的点击率和活跃度，办好驾校的内部通信、宣传栏，保持好与新闻单位的互动，负责广告的策划投入。

③前台和档案室的工作：制定前台档案室人员的培训计划并组织实施，制定前台档案室人员的工作流程和岗位职责。

④学员的管理：学员档案的建立，学员座谈会的组织和意见的处理，学员投诉的处理，毕业学员的回访与联系。

⑤企业文化和思想政治工作：及时了解和掌握员工的思想动态，化解矛盾，凝聚人气，活跃员工文化生活。

⑥人力资源的管理：负责员工的招聘、培训和辞退，负责各个部门人员的定编、定岗、定责，制订绩效考核办法。

2. 训练副校长（乙和尚）——负责教学与训练工作，保证训练计划的完成，保证安全无事故，保证廉洁施教，文明施教

①教练员队伍管理：负责教练员的招聘、培训，负责教练员的任务分配、工作调动、奖惩考核。

②教学与训练管理：负责教学训练流程管理，调配训练力量，确定训练

模式，保证培训效果。

③安全管理：制定安全训练规范，进行安全教育，组织安全检查。

④车辆管理：制定车辆综合管理规定（包括车辆定期检查、维修的办法，车辆卫生标准，车辆事故损毁考核办法等）并抓好落实。

⑤训练成本管理：负责训练油料和燃气的控制与考核，负责车辆维修保养费用的控制与考核，负责教练员人力资源费用的控制与考核。

3．公共关系与后勤事务副校长（丙和尚）——负责与主管部门和相关社会关系的协调，保证考试计划的完成，做到学员不积压，并为驾校的经营管理和发展创造良好的社会环境

①考试的组织以及出证：负责与考试部门、考官的关系协调，负责考试计划的争取、落实，负责考试过程的组织以及出证工作。

②事故的处理：负责训练车辆和工作用车事故的处理和理赔工作。

③保卫工作：负责驾校人员和财产的保卫工作，负责值班人员的落实与检查，负责消防工作。

④后勤工作：负责食堂的管理，负责卫生工作，负责基建和绿化工作。

以上组织体系，主要是针对中小民营驾校而设计的，大驾校可以将负责人力资源和后勤工作的单独分设为副校长。上述设计中之所以将人力资源与企业文化工作划归经营副校长负责，主要考虑两个因素：一是经营工作是驾校的首要工作，我们要建立一切围绕市场转的经营模式，因此要加强经营副校长的权威；二是经营副校长往往是招聘和引进的，文化程度相对较高，有一定的经营管理经验。把考试工作与后勤工作合二为一归"丙和尚"负责，是考虑到在民营驾校里，这个副校长往往是老板的亲属，是一个负责花钱的人，要有老板高度的信任。

三、系统管理要有数字概念

对于"数"的描述，当代著名画家范曾曾有段精彩的讲话。在南开大学为国际数学大师、著名教育家陈省身教授举办的执教 50 年庆典仪式上，作为陈省身教授忘年交的范曾讲到："数学看不见摸不着，却无处不在、无所不包。没有数的奇绝构成，天地不是道家的混沌，就是佛学的空白。"驾校管理离不开数学、数字，离开了数学、数字，那就是混沌管理、空白管理。

1．招生计划要有数

我们每年招生的总计划是多少？分解到每个月度是多少？全员招生所占比例是多少？市场部招生专员总招生是多少？所占比例是多少？全市总招生量是多少？比去年增加或减少的百分比是多少？我们比去年同期招生数增加或减少多少？这些数字是我们营销决策的基础，也是我们组织营销战役的依据。

2．在校学员要有数

在校学员有多少？考完上一个科目等待考下一个科目的分别是多少？有了这些数，我们才知道积压与缺口，才好调整训练力量。

3．考试计划要有数

哪天考什么科目？考多少人？考试结果如何？我们考试合格率处在排行榜什么位置？有了这些数，我们才知道训练的突破口在哪里，才能够寻找影响考试合格率的因素。

4．成本控制要有数

我们每个月的水、电、油、税、员工工资与保险、车辆维修费、广告费、招待费、办公费用等固定支出是多少？每个月必须在什么价位上招到多少学员，考出多少学员我们才能实现收支平衡？我们每个月的盈利空间还有多大？只有有了这些数字，我们才知道哪些该省的钱没有省，哪些不该省的钱省下来了，进而才能制定成本控制方案。

5．人员车辆要有数

人员和车辆是我们的家底，不但要熟知，还要掌握最近的状态，并根据经营和管理的需要随时调控。

数字最简单，数字最客观，数字会说话，数字能客观、公正地反映出事物的本质和规律，数字能正确评判驾校培训效率、质量、财务、营销、服务、人力等绩效。作为驾校的首席执行官——校长，必须学会用数字来管理你的工作，而不是凭感觉。要通过每天去更新并分析你的库存数字，发现我们的工作流程是否顺畅，如何改进。优秀的驾校校长都是能够随时说出各种经营管理数字的。

第四章

制度篇

中国有句俗话:"没有规矩,不成方圆"。制度不是画,制定出来不是挂在墙上好看的;制度不是歌,创作出来不是唱着好听的;制度不是政绩,总结出来不是讨上级高兴的。制度是保障企业健康运行的规则,制定出来是让大家遵守的。古今中外无数事实证明,没有科学化、精细化的管理,一切优良的硬件资源只能是一堆"废铜烂铁",一切精英的团队最终只能是一盘无序的"散沙",一切发展远景最终只能是一个个美丽的"肥皂泡"。

第一节
驾校制定制度应遵循的原则

　　没有规则（即制度）的约束，人类的行为就会陷入混乱。家有家规，国有国法，企业要有企业的制度。制度把企业的大量管理工作规范化、标准化，化繁琐为简单，化杂乱为有序，为企业在激烈的竞争中生存和发展奠定了坚实的基础。古今中外无数事实证明，没有科学化、精细化的管理，再先进的硬件设施也只能是一堆"废铜烂铁"，再睿智的精英团队最终只能是一盘无序的"散沙"，再宏伟的发展远景最终只能是一个个美丽的"肥皂泡"。如果说先进的硬件设施是一所驾校的立校之基，那么构建一套科学化、精细化、人性化的管理模式则是一所驾校的兴校之魂。制度建设是管理模式中最重要的部分之一，作为诞生、运行没有几年的民营驾校在制度建设中要遵循哪些原则，注意哪些问题呢？

一、"恶法胜过无法",没有制度是不行的

我在这里主要想强调的是,有制度要比无制度好,尽管这个制度还不够严密完善。许多驾校虽说成立了有几年,但至今在管理上还处在人盯人、人治人的阶段,没有形成自己的制度体系。其中一个原因,就是主要管理者在制定制度时,老是感觉制度不够完善、不够科学、不够配套,因此拖延时日,影响了驾校管理的提升。殊不知,制度不是一天就能够完善、科学和配套的。制度建设,不要一上来就追求完美,而要在执行中不断发现问题,在不断修订中臻于完善。

有人将西方提出的ISO9000管理体系概括为四句话:"凡是要做的就必须写出规定,凡是规定的就必须去做,凡是做了的就要留下记录,凡是有记录的就要有人检查。"如果把制度比喻成一张纵横交错而又严密有序的大网,企业是这张网上的蜘蛛;如果把企业比喻为列车,那么制度就是轨道。因此,企业没有制度是不行的。

二、"木匠造枷枷木匠",制定制度要走群众路线

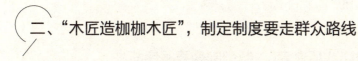

木匠造枷枷木匠　翰林监斩斩翰林

清代康熙年间,安徽桐城才子戴名世赴京赶考。在乘坐渡船过江时,他听船上的人都在议论有个木匠犯法的事。据说,那个木匠曾经为该县衙门造过多副犯人用的木枷,没料到自己如今也戴上了枷锁,可谓"自作自受"。当时,摇船的艄翁对戴名世说,你进京赶考,我先出个对子考考你。

驾校经营方略 第2版

> 戴名世说"好"。艄翁现炒现卖:"木匠造枷枷木匠。"戴名世搜索枯肠,始终未能对出下联。无奈,只好急忙赶考去了。若干年后,戴名世中了进士,入选翰林。后来,由于他写的《南山集》一书涉及反清内容而被捕入狱,最终被判死刑。临刑时,朝廷派了一名翰林前去刑场监斩。戴名世见同事前来监斩,突然灵光一闪,对出当年艄翁出的对联:"翰林监斩斩翰林。"说完不禁潸然泪下,顿时血染刑场。

企业的制度照抄照搬别人的不行。有许多驾校的管理人员外出学习,最感兴趣的是千方百计搞一本人家驾校的《员工手册》或《制度汇编》。回去后,改头换面成了自己的制度。这虽然会有些效果,但效果不会太大。因为,人家驾校的发展轨迹、发展阶段、人员素质和你们驾校有很大不同,制定制度不能脱离实际。制度不是画,制定出来不是挂在墙上好看的;制度不是歌,创作出来不是唱着好听的;制度不是政绩,总结出来不是讨上级高兴的。制度是保障企业健康运行的规则,制定出来是让大家遵守的。要让大家遵守就要让大家参与。因此,制定制度要从实际出发,而找几个秀才闭门造车、苦思冥想地起草,是难以完成的。只有让制度的遵守者一起来参与制度的制定,制度才有群众基础。这就是"木匠造枷枷木匠"的道理所在。

三、"三大纪律八项注意",制定制度要循序渐进

海尔集团的前身是青岛电冰箱总厂,在张瑞敏上任前,几近倒闭。用张瑞敏的话说:"欢迎我的是53份请调报告,上班8点钟来,9点钟就走人,10点钟时随便往大院里扔一颗手榴弹也炸不死人。"后来张瑞敏提出整顿,厂里有人搬出过去订的一人高的规章制度,而他只制定了13条,其中一条

是:"不准在车间里随便大小便。"其他的规定还有"不准迟到早退""不准在工作时间喝酒""车间内不准吸烟,违者一个烟头罚500元""不准哄抢工厂物资"。

这13条规定,现在听起来简直就是一个笑话。在工作时间抽烟喝酒,在车间大小便,这叫什么工人?但当时的情况就是这样。海尔就是从这13条规定起步的。张瑞敏坚持了实事求是的态度,就像"三大纪律八项注意"是一样的道理。

汪中求先生在《细节决定成败》一书的前言中提及:中国绝不缺少雄韬伟略的战略家,缺少的是精益求精的执行者;绝不缺少各类规章制度,缺少的是对规章条款不折不扣的执行。从实用的角度上讲,制度并非越多越好,而是要符合实际、满足需求、切实管用、解决问题才好。否则,制度多了反而会形成"制度阻塞"。如同车辆多了,如果疏通不好,就会阻塞交通,影响公路的通行效率一样,制度多了,如果执行不好,就会阻塞管理,影响公司的效率。

广东肇庆鸿景驾校在制度建设上就采取了少而精、逐步健全完善的做法。鸿景驾校的规章制度就像饭店餐馆的点菜本,每项制度都不长,有的就几条,每项制度的出台都有一个契机,都有一个起因,制定出来后,大家一一签字,然后把它塑封起来,插到制度汇编的插页中。鸿景驾校2008年度、2011年度两次被中国道路运输协会评为"全国文明诚信优质服务驾校"。与其他驾校相比,他们的制度不算多,但每项制度都落实得很好。

东方时尚驾校建校之初只向社会作出五项承诺:一是杜绝吃拿卡要现象发生,如有举报,有一赔十;二是保证按教学计划培训,让学员通过各项考试;三是班车不空站,不甩站,保证培训时间;四是餐饮绝对卫生,如因校方原因致病者赔偿全部医疗费用;五是所有费用均按价目表收取,保证学习过程中不以任何名义增加费用。这五项承诺掷地有声,言而有信,真诚兑

驾校经营方略 第2版

现，得到了广大学员的充分认可和社会的高度评价。由此可见，制度开始不在于多，而在于精，更在于落实。

第二节
驾校执行制度应注意的问题

"火烈，民望而畏之，故鲜死焉；水懦弱，民狎而玩之，则多死焉。"这是《左传·昭公二十年》中郑国子产的一段话。这段话与西方管理学家提出的"热炉法则"有点异曲同工之妙，对当今我们企业规章制度的执行，具有一定的借鉴意义。

"热炉法则"形象地阐述了惩处原则：其一，警告性原则。热炉火红，不用手去摸也知道炉子是热的，是会灼伤人的，企业领导要经常对下属进行规章制度教育，予以警告。其二，必然性原则。每当你触摸到热炉时，无论是谁采取什么方式触摸，都肯定会被灼伤，说和做是一致的，说到就会做到。也就是说，只要触犯规章制度，就一定会受到惩处。其三，即时性原则。当你碰到热炉时，立即就被灼伤，惩处必须在错误行为发生后立即进行，绝不能拖泥带水，绝不能有时间差，以便达到及时改正错误行为的目的。其四，公平性原则。"热炉"没有任何"弹性"，无论什么人，无论何时何地，只要触摸了"热炉"，都会被灼伤，不论是企业领导还是下属，只要触犯企业的规章制度，都要受到惩处，在企业规章制度面前人人平等。

制度的生命在于执行，制度不是挂在墙上的画，不是唱在嘴里的歌，制度是电线杆子上的"高压线"，是足球场上的"红黄牌"。没有执行的制度就如同拔了牙的老虎，根本无法让员工敬畏。在企业里，制度即管理，管理唯制度，谁不按制度管理，不遵守规章制度，就是对管理的一种破坏，对企业根基的动摇。许多企业在制度制定出来后的执行落实中都在借鉴"热炉法则"。根据"热炉法则"的原理，结合我国当前驾校普遍存在的有章不循、执行力差的现象，在制度的贯彻执行落实中要注意以下几方面的问题。

一、不断学习领会制度

我在各地驾校调研中，或者对驾校进行"竞争指数测评"时，都会涉及制度的制定和执行情况。许多驾校定了制度以后，只有少数驾校偶尔组织过学习，大部分驾校可能根本就没有组织员工学习过，这些驾校的员工对本驾校的众多制度，可以说是不熟悉，不理解，没记忆，当然不会不折不扣地执行了。

德胜公司对制度学习的重视程度，高于工作，高于上班。德胜人每月组织制度学习两次，分别在1日、15日学习，每年学习20多次。上班可以请假，制度学习一般不允许请假。员工不允许带病坚持工作，但允许带病参加制度学习。上班不用签到，但制度学习必须签到。就连出差，甚至出国，制度学习也雷打不动。德胜公司的制度为什么要学那么多次呢？它对制度的执行有什么特殊意义呢？一般人读10遍8遍，对相关条款就熟悉了，可为什么还要不断地学习呢？对此，德胜公司的老板聂圣哲认为：管理就像教育一样，就是不断说教，这种说教重复的次数越多，效果越好。

在我创办的"王牌教练员十关培训营"中，结营前最后一项工作就是学习《教练员综合管理规定》，学习完后每位参训人员都要在这份规定上签上自己的名字，并写明：我已经多次认真学习了这份规定，清楚和熟悉上述条款，我自觉接受并保证严格执行本规定，如若违反，愿意接受规定的处罚。

二、领导带头引领制度

哈佛商学院管理学教授、米勒咨询公司总裁保罗·托马斯在其《执行力》一书中指出:"在构建执行力文化的过程中,领导者的行为非常重要。在一定程度上,领导者的行为成了企业行为的标杆。只有领导者亲力亲为,身体力行,才能影响所有员工的行为方式朝你所希望的方向转变。"每个制度落实得比较好的企业,无不是领导在执行制度中发挥了模范带头作用。德胜公司学习制度雷打不动,这和公司老板聂圣哲的长期参与是分不开的。聂总只要在公司里,每次都参加制度学习,在轮流读制度中,轮到聂总读的时候,他也和员工一样,声音洪亮,清晰流畅地读一段,给大家做示范。驾校校长也就是公司的"首席执行官",首席执行官首先要带头执行制度。

凡是制度执行不好的驾校,作为首席执行官的校长具有不可推卸的责任。他身上的两种思想可能对执行力产生了消极的影响:一是特权思想。"普天之下莫非王土,率土之滨莫非王臣",几千年封建特权的糟粕对一些掌握了一定权力的人产生了许多负面的影响。在制度的执行中,有许多驾校校长嘴里不说,但心里这样想:我事情多,我例外;制度是给员工制定的,不是给我制定的;我的地盘我做主,我不能作茧自缚。许多驾校抓规章制度的落实往往从"考勤制度"中不迟到、不早退开始的,但破坏者往往是制度的制定者。国家中没有特殊公民,企业里也不能有特殊员工,在制度面前要人人平等,不是某某人是"老大",而应是制度是"老大"。二是"老好人思想"。"老好人"也就是人们常说的"好好先生"。"好好先生"的故事,许多人都知晓,说的是东汉末年有个名叫司马徽的隐士,无论别人说什么,他都通通说"好",久而久之,别人就送给他一个"好好先生"的绰号。做"老好人"，就得拿原则作交易，多一点私心，少一点公心；多一点俗气，少一点正气；多一点圆滑，少一点原则。原则是试金石，是分水岭。在原则面前，是刚正还是油滑，是坚持还是退让，是明察秋毫还是睁一只眼闭一只眼，将明白无误地判别一个人是"黑老包"，还是"老好人"。试想，作为一个驾校校长，"遇到矛盾绕道走，是非面前不开口"，怎么能把制度落实到实处呢？

三、典型案例强化制度

吃拿卡要是当今中国驾培行业的一大顽疾，许多驾校的投资者、管理者都为此深感头疼，利安驾校当然也概莫能外。

2011年6月，利安驾校发生了一件因为一盒烟砸了一辆教练车的事件。有一天，驾校领导接到了一封大车学员的投诉信，信中反映：听老学员说，给教练买烟送水，教练态度就非常好，并且会从上课到结束态度都非常好。于是，这位学员也买了一盒烟，并放在了车上。在调查时，教练员不承认收了这盒烟。烟让谁收了呢？难道是让车收了？既然车把烟收了，车也学会腐败了，说明这个车也不能要了。于是，董事长马宏召集了全校员工，像当年海尔的张瑞敏砸冰箱一样，当众砸了这辆教练车。在砸车前，马宏站在车上讲了砸车的目的："今天我把这个车砸掉，能够把我们的贪婪砸掉，能够把我们的自私、自欺砸掉，同时我也希望能够砸出我们利安人的良知，能够砸出我们利安人的尊严，能够砸出我们利安的百年丰碑！"

被砸坏的教练车至今仍摆放在利安驾校训练场的警示台上，台子的墙壁上嵌刻着一块"警示铭"：腐败顽疾，无孔不入；腐败之风，不得人心；腐败不除，危及生命。防治腐败，根本之法是强健自己的肌体，增强自身的免疫力。吃拿卡要，缘于心底贪婪；廉洁从教，钟情正心自律。我们砸的不是车，砸的是贪婪之心。这是维护利安人尊严的必然，这是见证利安人的警钟。维护尊严能使我们正心；警钟长鸣，能使我们正行。我们宁可有尊严的失败，也绝不要卑劣的成功！我们要树起利安人的廉教丰碑，为社会培养廉洁、敬业、负责、为民的现代新型把握方向盘的人。

砸车之后，"潜规则"销声匿迹，"视学员为手足，视学员为生命"的办学理念真正开始体现。

▲ 被砸车辆至今仍然放在利安驾校训练场的警示台上

四、经常检查落实制度

> 有十个老头聚在一起喝酒，其中一个老头建议说："明天，我们每个人从家里拿一壶酒来，要拿最好的酒，然后找一个大桶倒进去，搅拌一下，就像鸡尾酒一样。我们每个人都尝一尝是什么味道。"

> 其他九个老头都认为这个建议很好。当天晚上,有一个老头起了歪心眼,他想:明天九个老家伙都拿酒,我弄一壶水倒进去,反正他们也喝不出来,我就能骗他们的好酒喝了。
>
> 第二天,大家把自家的酒都倒进大桶里,最后的结果是,每个人舀起一勺酒一尝,什么味道都没有。原来倒进去的全都是水,大家都想到一块去了。

由此可见,老头的建议只有靠大家自觉才能够实现,只有每个人都自觉从家里拿一壶好酒,桶里的酒才会妙不可言。结果却恰恰相反,自觉的结果就是不自觉。假如这个提建议的老头说:"明天大家带了酒之后先不要往桶里倒,我要先尝一口。"这样情况就会不同。这"尝一口"就是检查,任何制度、措施的出台都要有相应的检查机制来配套。

人们习惯性地称总经理为首席执行官,他执行的重要内容就是制度的落实。要落实制度,首席执行官要先当"首席检查官"。江苏淮安金盾驾校每个月初都要开一次全体会议,总结上个月的工作,部署这个月的任务。每次会议结束后,总经理于向东都会亲自参加对教练车进行的一次全面检查:查卫生标准、查安全隐患、查完好状态。每次检查的结果都记录在案,奖罚兑现。这项制度从建校之初,一直保持到现在。金盾驾校有的教练车已经使用了六七年了,现在依然能保持着良好的状态。应当说,这与"教练车管理制度"的每月检查不无关系。

五、坚定不移规范制度

许多员工对具有强制性的规章制度往往有抵触心理,这是很正常的。尤其是那些以前多是"自由职业者""半路出家"的驾校教练员，他们之前没进过公司，没有受过规章制度的约束，时常发牢骚说：制度是死的，人是活的。其实，这一牢骚已经触及企业管理中两个最根本的问题——制度和人。制度和人两者的关系就有点像鸡和蛋的关系，到底是鸡生蛋，还是蛋生鸡，难以说清。从制度要靠人安排，去制定，又要靠人去执行这个角度上讲，人比制度更重要；而从只有具备了好的制度才能引来人才，留住人才，使人才有用武之地这个角度上讲，制度又比人更重要。

华为公司老总任正非有个非常有名的理论：在引进新管理体系时，要先僵化，后优化，再固化。在制度定稿公布之前，怎样议论批评都可以，一旦确定公布了，就要坚决执行，不能再妄加非议，驾校的教练员和其他行业的农民工不一样，他们过去走南闯北，各有各的见识，有一定的"挑刺"能力，如果制度宣布了，还让他们"挑刺"的话，这个制度会支离破碎，体无完肤，根本就无法执行。

第五章

教练篇

纪律是言行的高压线，形象是教练的名片。作为一名教练员，廉洁方能聚人，律己方能服人，身正方能带人，技高方能教人。作为一所驾校，谁拥有了职业化的教练员队伍，谁就有了核心竞争力。职业化的教练员队伍不会从天上掉下来，只有靠自己打造，打造的方法与炼钢相似，是否能炼出一炉好钢，取决于两个环节，一是原材料的选择，二是冶炼技术和工艺的选择。好钢炼出以后也不可能一劳永逸，还要不断地打磨。

第一节
机动车驾驶教练员队伍的由来和现状

回顾"教练员"三个字的"形成过程",也有一个从无到有、从单一型到复合型的发展过程。从 1985 年教练员队伍的正式形成,到 2009 年国家设立正式职业,教练员团队"年方 24 岁"。国家设立"机动车驾驶教练员"这一新职业,对于规范驾培行业从业人员的职业行为,提高教练员队伍的整体素质具有划时代的重要意义。因为从 20 世纪五六十年代"师傅带徒弟"的单个师傅,发展到现今 30 万人之众的教练员队伍,这是改革开放的成果,是安全运输的需要,是促进社会和谐建设的必然。

各个年代的"发展过程"如下:

1960 年,交通部颁发的《机动车管理办法》共 7 章 42 条,对驾驶员培训、教练车、教具、培训场地都有提及,但只字未提"教练员"。

1972 年,公安部、交通部联合颁发的《城市与公路交通管理规则》共 7 章 32 条。规定的培训方法是:"在正式驾驶员的辅导下,按指定时间、路线练习驾车，车身前后要悬挂教练车标志，车上不准载人或运载危险物品。"只称"正式驾驶员"，也未提"教练员"。

1985年，公安部颁发的《城市机动车驾驶员考试暂行办法》中第3条第3款规定："教练员必须具有教练车型三年或五万公里以上的安全驾驶经历"。至此，"教练员"才被正式确立了"地位"。

1995年，交通部颁发的《汽车驾驶员培训学校（班）开业条件》中第10条第3款规定：①理论教员应具有中专以上学历和本专业教练能力。②维护、排故实习操作教练员应具有驾驶或修理专业技工学校毕业以上学历、二级实习指导教师以上技术职称或中级以上技术等级资格。③驾驶操作教员应具有相当于高中文化程度和驾驶基本理论知识及教学能力，持有《中华人民共和国机动车驾驶证》。第一次把"教练员"分为三类，区别工作需要，提出具体要求，除强调教学能力外，还提出了二级实习指导教师的技术职称标准。

2006年，交通部第2号令《机动车驾驶员培训管理规定》单列的"教练员管理"一章中，又进一步规定了建立教练员全国统考制度，提出了教练员填写教学日志、培训记录的要求；规定了教练员每年至少一周脱岗培训制度，并提出了教学质量信誉考核办法的要求。特别是《机动车驾驶员培训管理规定释义》中，第一次响亮地提出了"机动车驾驶教练员，既是驾驶员，又是教师"的诠释；要求教练员爱岗敬业，忠诚于驾驶培训教育事业，认真施教，严格遵循教学规律，廉洁从教，倡导良好的师德师风，更好地担负起"传道、授业、解惑"的神圣职责。

截至2010年底，全国共有机动车驾驶培训机构9492所，教练车超31万辆，驾驶教练员37万多人，其中理论教员3万多人，当年培训机动车驾驶人1416万，其中70%以上是小型车驾驶人。

有资料显示，当前教练员队伍的基本构成是：大部分教练员是从社会上驾驶人中招聘的，约占85%；来自交通运输企业和相关专业院校的不足15%。

教练员的真实学历：初中文凭占70%以上，高中以上文凭不足30%，个别教练员还达不到初中文凭，相当一部分人不会操作计算机。教练员中，准教小型汽车的教练员约占70%，大型货车的教练员约占20%，其他车型的教练员约占10%；男性教练员占98%，女性教练员占2%。

河北省驾培协会秘书长刘学福这样描述教练员队伍：庞大的教练员队伍中文化水平高的不多，年龄大的却不少。管理部门要求高中毕业，就有人弄个假文凭交上来。广东省交通运输厅2011年11月29日下发了"关于撤销刘某某机动车驾驶培训教练员从业资格证的公告"，公告称：经查证，刘某某所提交的学历证书为假证，根据《广东省交通厅实施＜道路运输从业人员管理规定＞办法》（粤交运函【2008】967号）第八条规定：撤销刘某某机动车驾驶培训教练员从业资格证。这一公告仅仅反映了教练员文凭缩水现象的冰山一角。还有专家认为，目前我国驾校机动车驾驶教练员普遍存在着"老""低""散""游"等状况。所谓"老"就是年龄偏大，有些驾校只吸纳其他企业内退的驾驶人；"低"就是学历低，基本素质低；"散"就是教学水平参差不齐、教学水平普遍过低，规范教学不能成为培训主流；"游"就是进出驾校频繁，队伍不稳定。

机动车驾驶教练员是一个庞大的队伍，已经被纳入了国家职业序列，在快速发展中，这支队伍职业化建设还存在着许多不足，主要表现在以下3个方面：

一、职业培训不足

随着我国汽车市场和驾培市场的快速发展，随着《机动车驾驶教练员国家职业技能标准》的颁布，机动车驾驶教练员职业化的时代已经来临。由于目前在职的教练员多是从职业驾驶人转化而来，可谓是半路出家，在进入教练员岗位后又没有进行系统化培训。有些省份的教练资质培训只有几天，更有甚者只培训一天，就考试拿证，使他们在先天不足之后，又后天失调。进入驾校后，或因为驾校训练任务繁重，或者没有能够培训教练员的老师，大部分驾校放弃了对新教练员的入职培训，只是让新教练员跟随老教练员熟悉几天，就单独执教。《机动车驾驶员培训管理规定》第三章"教练员管理"第二十六条规定："机动车驾驶员培训机构应当加强对教练员的职业道德教育和驾驶新知识、新技术的再教育，对教练员每年进行至少一周的脱岗培训，提高教练员的职业素质。"但实际情况是许多地区在教练员脱岗培训上流于形式，有的根本就不进行脱岗培训。上述的原因致使许多教练员在职业道德、服务理念、教学训练方法等方面还存在着这样或那样的问题，就业而不敬业、上岗而不爱岗、安心而不尽心、在职而不尽职的现象在一定程度上存在，文化有待提高，作风有待改进，能力有待提升，临时就业观念有待纠正都是当前和今后很长一段时期内需要解决的，可以说这支队伍还远远没有实现职业化。

　　职业培训的不足，造成教练员训练教学方法简单，虽有丰富的实际驾驶经验，但是缺乏系统的理论知识，往往知其然不知其所以然；教学语言贫乏，教学方法欠缺。一名上海女学员说："教师需要考教育学、心理学，懂得学生的心理，注意教学方法。而教练呢，只要能熟悉驾车，达到一定的驾龄，什么三教九流的人都能做，真有点可悲。"有一年夏天，我应邀到一所后来被我称为"民营的国有企业"驾校讲课，讲课之余，我对20名教练员进行了一次测试，这些教练员都有两年以上的教龄，其中有4位驾龄超过30年，测试的方法是单独提问，测试的题目是"操作方向盘应注意哪些事项？"测试的结果是没有一名教练员能完整地说出全部答案，能说出一半内容的占不到50%。

二、职业形象欠佳

教师是"太阳底下最崇高的职业"。"师者,所以传道、授业、解惑也。"教师的职责是传播人生道理,讲授专业知识,解除心中困惑等。无论在哪个国家,教师都备受人们尊重,有着较高的社会地位。汽车驾驶教练员作为一名技能型教师,作为一名发展迅速的经济社会中人人必备的实用技能的传授者,也理应受到人们的广泛尊重。我国每年因交通事故死亡的人数居世界第一,汽车驾驶教练员可以说是"车轮下亡灵的拯救者";汽车在每个家庭都是一笔巨大的财产,汽车驾驶教练员可以说是"家庭财产的保护者"。尊师重教,是我们中华民族的传统美德,作为一名汽车驾驶教练员,没有理由不受到社会的尊重。但令人遗憾的是,在国内除了少数品牌驾校的教练员获得了应有的尊重以外,大部分的汽车驾驶教练员没有获得与其职业相对称的社会地位。这其中的原因有很多,既和驾培行业风气不正、"潜规则"盛行有关,也和从业的教练员素质有待提高,自己不把自己当作技能型教师看待和要求有关。我们许多驾校的教练员形象邋遢,没有统一的职业服装;更有许多教练员语言欠文明,行为欠检点,缺乏自律能力,给整个教练员队伍的形象涂上了一层灰色。当在网上看到个别学员把有些教练员称为"农民教练"时,我十分反感,我认为这是一种歧视。在广东有一个村庄,累计输出教练员42名。这些常年以种地为生、现在改行做了汽车驾驶教练员的人,心足意满地说:"做教练收入比种地高多了!"村支书则把"当汽车教练已经成为村民一条别具特色的致富新路"当作经验来介绍。看到这些,我心中不胜感慨,不知道是应该为我们汽车驾驶教练员这支队伍感到高兴还是悲哀。

三、职业认同不高

许多地区都存在着教练员难招的问题,机动车驾驶教练员这一岗位虽然已正式列入国家职业岗位序列,但还是对年轻人缺乏吸引力,主要因素有三个方面,首先是工资低。大多数驾校教练员的工资由基本工资、考试合格奖、安全奖、招生提成几个部分组成。全国教练员的收入和全国工资收入一样,也存在着诸多不平衡,例如地区的不平衡、行业的不平衡。总体来说,教练员的收入不高。有人说:一个优秀的汽车驾驶人未必是优秀的汽车驾驶教练员,一个优秀的汽车驾驶教练员必定是一个优秀的汽车驾驶人。但是,教练员的收入大都不高于当地长途客货驾驶人的收入。而且在很多驾校还存在着工资发放不及时、不签订劳动合同、不购买或购买不全劳动保险的情况。这些,在一定程度上都影响了教练员队伍的稳定性。其次是工作环境较差。教练员的工作环境是户外,风吹、日晒、雨淋、寒冻都在所难免,教练员总是规律性地"夏天一身黑"(晒的)"冬天一脸霜"(冻的)。第三是工作强度较大。教练员的工作是身累、心更累,工作时间经常是超过8小时,有时因为学员多,有时为了满足学员不同时段的学车要求,加班加点是家常便饭,很多本应与家人共享天伦的时间就只能牺牲了。再说心累,坐在副驾驶座上的教练员一点也不比学员轻松,新学员一个个可真是潜在的"破坏王",指不定哪个眨眼的时间就能整出些让你魂飞魄散的"失误"。另外,学员成分复杂,性格各异,在教学沟通中要处处小心,稍不慎,就会祸从口出,招致投诉。

职业培训不足,职业形象欠佳,职业认同不高,使许许多多汽车驾驶教练员处在一种非常尴尬的地位,他们把这一职业当作"食之无味,弃之

驾校经营方略　第2版

可惜"的"鸡肋"。地位、形象、能力、收入是一条"生物链",这条"生物链"拴着学员、驾校老板和教练员。在当前国内驾培市场中,这条"生物链"在许多城市和地区陷入了恶性循环的怪圈。教练员可以拿高工资,但这必须以提高自身素质、改善服务态度和更多的付出为条件;驾校老板可以增加工资支出,这既可以稳定员工队伍,又可以增加管理力度,但必须以提高学费为条件;学员可以多交学费,但必须物有所值、享受应有的尊重、达到自己的服务预期为条件。我们的教练员与其抱怨学员高傲,老板吝啬,不如在苦练内功,提高素质上下功夫。自允许社会力量办驾校后,我国的驾培市场还处在发展的初级阶段,高素质的教练员还十分缺乏,也十分抢手。教练员们要想提高地位,增加收入,就要从自身做起,从现在做起。

第二节
机动车驾驶教练员的招聘与培训

是否能炼出一炉好钢,取决于两个环节,一是原材料的选择如何,即是否是优质铁矿石。如果不是铁矿石,或者矿石的含铁量很低,或者矿石的杂质很多,都会直接影响到这炉钢的产量和质量。当然,优质的矿石也会比普通的矿石价格高许多。二是冶炼技术、工艺是否科学。我国是一个钢铁大国,但许多优质的钢材还要靠进口,这就说明我国在冶炼技术、工艺上还不够先进。

一个优秀教练员团队的打造与钢铁的冶炼有许多相通之处,也有一个"选矿石"和"冶炼"的问题,"冶炼"的过程,就是人们通常所说的"培训"或"打造"。

在"选矿石"上,正像不是所有的石头都是矿石一样,也不是所有有驾驶证的人都是教练员坯子。有驾驶证只是一个条件,另外还要有年龄、安全驾龄、文化、身体状况等条件。即使这些条件都具备，也不一定就是一块好"矿石"。如果这位应聘者思想灰暗没有进取意识、行为不受约束没有团队精神、集酗酒赌博等陋习于一身，这样的人如不及时清除就会发挥坏的"酵母"作用，从而影响一个团队的建设。当然要想招聘来并留得住优质的人才，所付出的薪酬也要高出许多。

一块优质的矿石如果你不去冶炼，使它还处于天然状态，它不会发光；是金子就会发光，但金矿石不一定发光。如果你用土办法、旧工艺去冶炼，也出不来优质的钢铁。一个或者一批有潜质的准教练员，如果驾校不去培训，或者培训方法不科学、不先进、不系统，也不会成为优秀教练员。优秀教练员的打造不仅需要注重选材，也要有科学的培训方法。

钢炼好了也不能从此高枕无忧，一劳永逸，如何保持它的品质、光泽，如何不使它生锈变质，那就是使用和管理当中的问题了。

一、教练员的招聘——选矿石

> 2011年，我在河北帮助一所驾校招聘教练员，遇到了一件让人啼笑皆非的事情。这天一位穿着随便的应聘者大大咧咧地来到办公室，应聘者与人事主管有下面一段对话：
>
> 应聘者：听说你们招聘教练员，你看我合格吗？
>
> 人事主管在问了他的年龄和驾龄后说：先请你填一张应聘登记表。
>
> 应聘者看了一遍应聘表问："籍贯"是什么意思？
>
> 人事主管："籍贯"就是你的老家。
>
> 应聘者：老家就写"老家"，写什么"籍贯"啊？！

尽管国家规定从事机动车驾驶实操的教练员必须有高中以上文化程度，但大多数驾校很难招到有真正高中学历的教练员，现有的教练员大都是从职业驾驶员转行而来的，这些人大多没有很好的教育背景。上面故事中的应聘者，在现实中并非个案。在招聘中如何留下好苗子，好"矿石"，把文化程度不够、有临时就业观念、择业动机不正确、思想作风不踏实、陋习多、修养差的剔除掉，是很重要的，也是很有技巧的。

许多驾校教练员的招聘不是成批量、成建制招聘，而是单打一招聘，这样就没法集中拿出人力、物力进行培训。有的驾校虽是批量招聘，但在面试环节过于随便，没有严格的程序，给应聘教练员的第一印象：这是一所可以随随便便的驾校。新教练员的加入，我们不能仅仅看作是对教练员队伍缺口的补充，还应该把他当作新的血液。要通过对新教练员的培训所带来的新变化，去影响老教练员，进而提高教练员队伍的整体素质。因此，从新教练员踏入驾校门槛的第一眼，就要给他一个严肃、正规的第一印象，这也为以后的培训打下基础。

1. 面试关

近几年来，我与我的团队在十几个省市的几十家驾校做过新教练员的招聘和培训，在不断的实践中，逐步总结出新教练员面试中的三字口诀——看、问、听。

所谓"看"主要有三看：一看仪表是否端庄。衣冠不整、奇装异服者，文身者，面目骇人者，作风拖拉、行为放荡者，淘汰出局。二看身材体形是否符合要求。有的应聘者是持 C1 驾照，身材特别高大肥胖，会把驾驶座塞得满满的，会影响驾驶动作；有的应聘者身材特别矮小，这样的人不容易得到学员的尊重，这种特高或特矮的身材显然不适合做教练员。三看证件是否齐全。证件主要看三证：身份证——看年龄和家庭地址；驾驶证——看准驾车型和驾龄；毕业证——看文化程度和专业。

所谓"问"主要有四问：一问受教育情况。驾培行业假毕业证十分泛滥，无论真证还是假证，我们都要详细地问在哪里上的学？是否参加过高考？如果是中专或高职毕业证就要问得更详细，因为这种证造假最多。问不出真假是我们的水平问题，问出来是假的，应聘者又不承认，那我们就对这个人的诚信心中有数了。二问工作经历。有的人有过多次跳槽的经历，总认为原来单位的领导不好，那么你可能会成为下一个不好的领导，对这样的人是否给他机会要慎重。还有相当一部分应聘者一直从事个体运输，没有进过单位，没有受过公司化的培训教育，这些人行为比较随便，要择优录取。三问家庭住址。家庭住址离驾校较远的，以后工作起来多有不便，也是考虑是否录用的一个指标。四问应聘动机。应聘者当教练的动机大多集中在三个方面：一是求安定的环境和稳定的收入，二是求社会的尊重和自我发展，三是求工作的改变和生活的过渡。对第三种应聘者，我们要慎重对待，这些人可能会成为以后教练员队伍中的不稳定因素，原因就是这其中有很多人具有临时择业观念。有的因种种原因不愿继续在原单位工作了，想换个环境，于是来到驾校；有的把车卖了或者单位破产了，临时还没有好的去处和打算，先干一段教练员，一旦有了好去处，立即走人。另外，应聘者对驾驶培训行业、驾校不了解者，要慎重录用。因为，这些人对新的工作有很大的盲目性。

所谓"听"主要是听应聘者语言表达是否流畅，词汇是否丰富，是否会讲普通话。对表达不畅有沟通障碍、词汇贫乏、方言太重者，淘汰出局。教练员要有较好的语言表达能力，那些"肚子里有货，嘴里倒不出来"的，不适合做教练员。

2．考核关

所谓"考"就是通过不同方式的考试、测试，对应聘者的文化水平、专业知识和实际驾驶汽车的水平有个真实的了解。考试可分为书面的综合文化考试、计算机上的交通法规考试和实际道路驾驶测试三个方面。书面文化考试就是要测试应聘者知识面的宽窄、文字表达能力的强弱，以判断能不能写得了教案；计算机上的交通法规考试可以用驾校科目一理论题库进行，一方面我们可以了解这些有着多年实际驾驶经历的职业驾驶人对交通法规的掌握情况，另一方面对这些应聘者在以后培训时可以当作"杀威棒"使用，让他们清楚：开了这么多年的车，连这些基本交通法规都不熟悉，以后如何能当得了教练员。实际道路驾驶的测试，既要甄别出只有"照龄"而无驾龄者，还要检测出这些职业驾驶人身上有多少不良驾驶习惯，安全驾驶意识如何。那些一身坏习惯的"野路子"驾驶人，要剔除，否则他不知要带出多少"马路杀手"。

经过上述看、问、听、考四个环节，我们对应聘者的印象由模糊到清晰，由直观到数字化，这样再确定取舍就少了一分盲目性，多了一分科学性。经过看、问、听、考四个环节，我们对有军人经历者，对汽车驾驶与维修专业者，对具有真实高中（或大专）学历者在同等情况下予以优先考虑。

另外，在教练员的招聘中还有一个让许多校长困惑的问题，即是招有教练员证当过教练员的"熟手"好，还是招没有从事过教练员工作的"生手"好。"熟手"现成，上岗就能用，但也熟悉许多"潜规则"；"生手"可塑性强，但培训成本大，用人风险大。正像当年曾国藩不敢信任暮气日深、腐败不堪的绿营兵，反而依仗那些从乡间招募来的朴实农家子弟去拼杀打仗一样，许多有见地、有条件的驾校宁愿花大力气培训"生手"。东方时尚驾校总经理闫文辉认为，做过教练员的人往往很难改变脑子里"吃"学员的观念，反而不如培训那些没有教练员经历的人容易。在上岗之前，东方时尚驾校都要对教练员进行系统培训，经过至少一个多月的培训，教练员才被允许去带学员。培训内容包括教练技能、员工手册和企业文化。

二、教练员的培训——冶炼

教练员是一个特殊的群体，现有的教练员绝大多数由职业驾驶员半路出家转行而来，他们之中不乏有在社会大学中熔炼出的优秀者，但也有许多职业驾驶员在长期天南地北独立驾驶的经历中，逐渐形成了不同于其他群体的特点：许多人虽是农民出身，但又缺少农民的朴实；许多人经多见广，但又不愿意学习；有些人爱好不算广泛，但大都喜欢喝酒吸烟；有些人单兵作战能力强，但团队意识差；还有些人随意性强，纪律意识差。这一群体和他们以后将要扮演的技能型教师的职业角色有很大的反差，如何督促他们实现职业角色的转化，缩小他们职业反差的程度，是岗前强化培训和以后管理中的重点。

首先，我们要明确培训的基本目的是什么。培训目的无非两点：第一，把一个不专业的人培养成专业的人。这就如同对军人一样，要提高其军事素质，会打枪、打准枪。第二，把不同文化背景的人培养成具有共同文化理念的人。就像对军人那样，要解决为谁当兵、为谁打仗的问题。两个内容应该先培训哪个呢？2012年夏季，我在南方一个新办大驾校的新教练员培训中遇到了这个不是问题的问题，甲方负责教学训练的一位资深副校长认为，必须先进行外训，就是先参加教练员证的培训，即技术培训，拿了教练员证后，再进行形势任务、职业道德、服务意识、企业文化和专业理论的内训。其理由是：内训合格了，外训拿不到教练员证一样不能上岗，会造成浪费。我说道："如果先拿了教练员证，内训不合格，这个有教练员证的人对我们驾校的企业文化、管理理念不认同，同样也不能录用，同样也会造成浪费。"从表面上看，争论是怕造成浪费，实则是思想观念、企业文化的培训与专业技术的培训哪个在先、哪个更重要的问题。

毫无疑问，我们应该把思想观念、企业文化的培训放在首位，如果"德"上有问题，有"才"可能更坏事。中国人民解放军对新入伍战士的训练首先是思想作风的训练，其次才是军事技能的训练，世界500强企业对刚入职的员工的培训几乎也都是这样做的。在解决他是打敌人，还是打同胞之前，是不能教给他射击要领的。

世界500强企业都非常重视员工培训，而且他们在培训新员工中有一个相似点：先培训文化，再培训技能。麦当劳对新员工基本训练的第一项是"麦当劳企业文化的教育"，即对Q、S、C、V的了解与认同，"Q"代表品质优秀，以质量为中心，"S"代表服务周到，"C"代表环境干净卫生，"V"代表价值。等新员工初步熟悉并接受了麦当劳文化以后，再进行第二个项目的训练：要求员工对自己每项工作有承担责任的心理准备。之后才是具体工作流程、工作标准的培训。丰田汽车公司入职训练的前期课程，除了给新员工提供关于公司背景等方面的知识以外，更重要的是改变他们的观念，接受该公司"丰田式"的质量观、团队精神、个人发展、开放式的沟通，以及相互尊重的文化，使受训对象尽快了解企业文化，从而逐渐适应工作环境，减少工作中的摩擦，提高工作效率，同时也使入职训练既能节省成本，又能收到最大的效果。

在解决了培训的目的和培训内容的顺序之后，需要考虑的就是具体的培训内容和方式问题。新教练员刚入校时，我们看到的往往是这样一帮人：松松垮垮，满不在乎，站没有站相，坐没有坐相，服装各异，行为各异，观念各异，用"杂牌军"来描绘此时他们的状态最贴切。要把这些"杂牌军"培训成正规军、职业军，没有连续封闭式、高压强化性的入职培训是不行的。而首先要解决的，就是要让他们过作风关。只有过了作风关，其他的培训内容才能有效展开。

1. 作风关

在作风培养上，要抓好两个环节：第一是军训，向解放军学习。通过军训让参训的新教练员知道什么是服从，明白什么叫统一，清楚什么算规范。通过借鉴部队要求军人叠被子、系风纪扣、出操等训练军人作风、军人习惯的有效方法，从小事着手训练素质养成，用有形的东西训练无形的东西。通过向解放军学习，培养教练员养成服从意识，让领导具有权威；培养教练员养成纪律意识，让制度具有刚性；培养教练员养成团队意识，让队伍具有向心力；培养教练员养成艰苦奋斗意识，让队伍具有韧性。在军训中向解放军学习这个环节上，千万不要走过场、搞形式、做表面文章，不要舍不得花钱、花时间，要统一服装，要请现役军人担任教官，有条件的最好在部队里军训，受到军营文化的影响，效果会更理想。第二是学习培训营的规章制度。规矩要在培训营建立，制度的权威要在培训营形成。作风的培养，要结合军训，从学习制度开始，到熟知并自觉地执行制度结束。培训营的前几天，以学习培训营的规定为主，后几天以学习上岗后需要遵守的各种规定为主。

2. 思想关

如果说作风的培养是解决"外形"的问题，那么过思想关就是解决"内心"的问题，因此思想的转变要比作风的形成更加困难。要从一个职业驾驶员过渡到技能型的机动车驾驶教练员，必须闯过这样几个思想关：明确一个目的——为社会培养合格的机动车驾驶人；树立两个意识——现代服务意识，自动自发的工作意识；牢记三项使命——我们从事的工作事关人们的生命财产安全，我们从事的工作事关社会和谐的构建，我们从事的工作事关企业核心价值观的实现；转换四个角色——从自由职业者到技能型教师，从技能型到综合素质型，从操作员到指导员，从自我服务到服务他人。为了帮助新教练员过好思想关，要大力强化灌输教育，让他们写感受、谈体会，进行广泛而深入的讨论，以提高其思想境界；为了帮助新教练员过好思想关，还要请专家学者开办有理论深度、信息广度的讲座，并让老教练员从正反两方面讲亲身体会，以开阔其社会视野。

3．理论关

从职业驾驶员半路出家的教练员，普遍存在着一手软、一手硬的问题，即教学理论这一手软，实际驾驶这一手硬。就像会加减乘除四则混合运算的人，并不意味着就能当小学的数学老师一样，会开车也不一定就能当机动车驾驶教练员。过"理论关"，就是要解决他们知其然不知其所以然的问题，解决他们知识不系统、不全面的问题。作为一名教练员，应该掌握的理论知识包括：①政策法规部分，了解机动车驾驶证申领和使用规定、机动车驾驶人培训管理规定、道路交通安全法；②训练理论部分，熟悉机动车驾驶人培训教学大纲，掌握每个训练科目训练目的、训练方法、训练要求、注意事项等；③教学理论部分，包括沟通艺术，怎样掌握倾听、表达的技巧，怎样运用赞美、批评艺术；包括教学技巧，如何进行养成式和体验式教学，如何掌握老年学员、女学员、"90后"学员的教学特点，帮助学员克服紧张心理等。教练员需要掌握大量的理论知识，但由于这个群体文化程度偏低，理论知识的培训是一项长期的任务，入职培训营只能解决初步的问题，只能开个头，所以后续的持续培训不可中断。

4．讲解关

必要的理论储备使教练员肚子里有了"货"，但肚子里有"货"，而嘴里道不出来，就像茶壶煮饺子一样，那也不是一个合格的教练员。作为一名技能型教师，必须要具备良好的语言表达能力。因此，在新教练员培训中，在过了理论关后，还要过讲解关。过讲解关，就是要求教练员们在训练开始时能全面而系统地讲清楚训练的科目、方法、要求和注意事项，在训练之中能准确而及时地指出学员的错误，在训练结束之时能够恰当而客观地作出训练总结。词汇不丰富、表达不流畅、不敢在大庭广众之下说话，都将影响到训练效果。新教练员讲解能力的培养，可以从"一分钟自我介绍"开始，从讲得少到讲得多；从讲得平淡直白到讲得丰满幽默，通过多次培训逐渐提高。另外，新教练员的讲解能力还可以通过"实景教学模拟"来提高，要让这些新教练员明白讲解能力是自己的基本功，要创造机会让他们登台演讲，对讲解能力达不到要求者，切不可手下留情，放宽标准，该淘汰的要淘汰。

5. 实操关

实操关，是要对新教练员的驾驶动作、驾驶程序进行规范，而不能让他们成为光说不练的"天桥把式"。首先，要纠正驾驶陋习，比如在挂档中，抓档、拍档、拉档、捏档等错误习惯，以及空档滑行、单手抓方向、起步停车没有章法程序等，这些都要在实操训练中加以校正。其次，要建立标准规范。挂档，要按照"掌心贴于球头，五指自然握拢，利用手腕和小臂的力量带动大臂"进行挂档。通过规范训练，使每项驾驶动作都达到统一、规范，符合教学大纲的要求。

除此之外，还要对新教练员的教学训练组织能力进行适当培训，对新教练员的体能进行检测。因为，教练员是一个体力劳动和脑力劳动相结合的工作，没有健康的身体，就不能保证其有充沛的精力，而训练的安全要靠教练员高度集中精力来保证。

新教练员培训中的过关，正像钢铁冶炼中的一道道工序，每一道工序都有它要解决的特定问题，每一道工序都有它剔除杂质、升华产品的作用，只有经过一道道关卡的锤炼，最后才能"吹尽黄沙始到金"。总之，新教练员的培训是一项难度很大的工作，只有让被培训者对培训老师真正认同和钦佩，才能达到预期效果。因此，在选择培训老师和培训公司时，一定要选择专业水平高的。名师出高徒，这是搞好培训的基础。

第三节
机动车驾驶教练员日常管理及考核

2011年4月，我为安徽黄山一家驾校进行教练员培训。参训的人员，一半是新应聘的准教练员，一半是在岗的老教练员。这种生熟混在一起的"菜"是最难"炒"的。因此，我们一方面加大培训师资力度，另一方面把好每个培训关卡。培训地点选在当地消防中队的营房，军训也由现役消防武警战士担任教官。整个培训基本顺利，达到了委托单位满意、参训人员满意、上课老师满意的效果。然而，在培训营即将结束时，委托驾校校长满脸忧虑地说："培训效果我们很满意，没有想到短短的十几天，这些教练员会发生这么可喜的变化，我们相信只要你们在这里，这些教练员的状态毫无疑问会保持下去，但是你们走了以后，这些教练员还会这样吗？"我回答："没有毕其功于一役的培训，也没有一次培训定终身的培训。我们的培训只是给你们提供了一种管理思维方式和管理模式，确切地说，是一种思路。一次短时间的培训，替代不了长期的严格管理。如何保持住他们的状态，以后你们就是要按照这一思路不断强化管理。"

一、薪酬设计，利益驱动，从收入多少上分出高低

18世纪末期，英国政府决定把犯了罪的英国人统统发配到澳大利亚去。一些私人船主承包了从英国往澳大利亚大规模运送犯人的工作。英国政府实行的办法是按上船的犯人数量支付给船主费用。当时，那些运送犯人的船只，大多是一些很破旧的货船改装的，设备简陋，没有什么医疗药品，更没有医生。船主为了牟取暴利，尽可能地多装人，致使船上条件十分恶劣。一旦船只离开了岸，船主按人数拿到了政府的钱，对于这些人是否能远涉重洋活着到达澳大利亚就不管不问了。有些船主为了降低费用，甚至故意断水断食。3年以后，英国政府发现：运往澳大利亚的犯人在船上的死亡率达12%，其中最严重的一艘船上424个犯人死了158个，死亡率高达37%。英国政府花费了大笔资金，却没能达到大批移民的目的。

英国政府想了很多办法。每一艘船上都派一名政府官员监督，再派一名医生负责犯人的医疗卫生，同时对犯人在船上的生活标准作了硬性规定。但是，死亡率不仅没有降下来，有的船上的监督官员和医生竟然也不明不白地死了。原来，一些船主为了贪图暴利，贿赂官员，如果官员不同流合污就被扔到大海里喂鱼了。政府支出了监督费用，却照常死人。

政府又采取新办法，把船主都召集起来进行教育培训，教育他们要珍惜生命，要理解去澳大利亚开发是为了英国的长远大计，不要把金钱看得比生命还重要。但是，情况依然没有好转，死亡率一直居高不下。一位英国议员认为，是那些私人船主钻了制度的空子。而制度的缺陷在于政府

驾校经营方略 第2版

> 给予船主的报酬是以上船人数来计算的。他提出从改变制度开始：政府以到澳大利亚上岸的人数为准计算报酬，不论你在英国上船多少人，到了澳大利亚上岸的时候再清点人数支付报酬。
>
> 问题迎刃而解。船主主动请医生跟船，在船上准备药品，改善生活，尽可能地让每一个上船的人都健康地到达澳大利亚。一个人就意味着一份收入。
>
> 自从实行上岸计数的办法以后，船上的死亡率降到了1%以下。有些运载几百人的船只经过几个月的航行竟然没有一个人死亡。

这个故事告诉我们，绩效考核的导向作用很重要。企业的绩效导向，决定了员工的行为方式。如果企业认为绩效考核是惩罚员工的工具，那么员工的行为就只是避免犯错，而忽视创造性。忽视创造性，就不能给企业带来战略性增长，那么企业的目标就无法完成；如果企业的绩效导向是组织目标的实现，那么员工的行为就趋于与组织目标保持一致，分解组织目标，理解上级意图，并制订切实可行的计划，与管理者成为绩效合作伙伴，在管理者的帮助下不断改善，最终支持组织目标的实现。

机动车驾驶教练员薪酬如何设计，这是很让驾校校长头疼的一件事。这不仅仅是涉及教练员收入多少的简单问题，而且涉及它的合理性，以及利益驱动的问题。设计得好，能够稳定军心，能够有效地调动教练员的工作积极性；设计得不好，则麻烦不断，纠纷不断。1949年以来，企业的工资变化大致经历了三个阶段：第一个阶段是在计划经济时期，企业员工的工资是按劳动强度和工作环境而定的；第二个阶段是在改革开放初期，为了避免大锅饭，提高工作效率，出现了计件工资，也就是按产量和质量进行分配；第三个阶段也就是现在，许多企业实行了和企业效益挂钩的薪酬体系，也就是按市场进行分配。驾校也是一个盈利性的企业，也出产品，也讲投入产出比，因此驾校教练员的工资结构可以借鉴企业薪酬结构的一些分配原则，又要考虑到驾培行业的特殊性来确定。在实践中我们可以掌握以下原则。

1. 按级别分配——基本工资

基本工资要在与当地的工资水平,尤其是其他驾校教练员的对比中定个基数,最好是比其他驾校高出一定的幅度。教练员的工资高于其他驾校也是驾校的品牌,对于员工的稳定大有帮助,既容易招到素质相对高的员工,也可以对员工的要求高些,对管理有利。教练员可以通过制定标准分为三级——优秀教练员、教练员、见习教练员,也可以分为五星级教练员、四星级教练员、三星级教练员三个级别,通过升降级制度实行动态管理。每个级别在基本工资中有个差额,中间层次的可以占80%,上下两个层次的各占10%(这个比例可以根据实际情况调整),实际上是把低层次的教练员的工资拿给了高层次的教练员。这对于调动教练员的积极性,鼓励先进,鞭策后进,大有裨益。

2. 按质量分配——合格率考核

按质量分配就是打破大锅饭,解决出工不出力、干好干坏一个样的问题。拉开分配距离,体现马太效应——让强者更强,让弱者更弱。合格率的考核,全国各地差别很大,不同培训模式的考核方法和基数也差别很大。在制定合格率考核标准时,要注意不能只奖不罚,许多驾校往往是只奖不罚,这会带来很多管理上的问题。当合格率低到一定界限时,说明这位教练员没有给驾校赢利,这样的教练员仅仅拿不到奖励提成是不够的。

3. 按辛苦分配——加班工资

有了基本工资就能算出小时工资,员工的加班工资是以小时计算的。机动车驾驶教练员的工作是很辛苦的,由于学员积压,教练员加班加点已经成为常态。如果经常加班又没有"辛苦工资",这必然会造成劳动纠纷。

4. 按市场分配——招生提成

是否把教练员的招生纳入绩效考核体系，各地驾校校长的分歧很大。有人认为教练员主要任务是培训合格的驾驶人，不应该分散教练员的精力把招生列入考核，招生应由专职的人员承担。也有人认为，每一辆教练车都是一个单独的经营单元，每个教练员要像推销"商品"一样，把自己推销出去。两种观点各有道理，本书在第七章第四节"全员招生活动的组织与注意事项"中再作详细论述。

在制订上述工资方案时，一要考虑当地的工资水平，不要脱离实际，不要盲目地照搬照套外地的工资结构和基数，因为两个城市间物价和工资指数可能有很大的差距，二要考虑驾校发展的阶段和面临的主要问题，不能平均分配，在一定的时期，可以向某一方面倾斜。比如现在合格率低是主要矛盾，那就加大按质量分配的奖罚力度，比如云南昆明有许多驾校，工资结构很简单，就是毕业一个学员就给500~800元不等的提成，油耗、工资、修理费等统统包含在里面。如果招生困难，生源严重短缺，那就加大招生的提成。

二、指标考核，末位淘汰，从得分多少上分出上下

一个教练员工作情况如何，不能凭领导的感觉印象，要靠数字说话。年底确定谁是先进，谁是劳模，也不能靠大家评，要用数字比较。而考核的项目就是管理的导向，告诉大家哪些事能干，哪些事不能干。列夫·托尔斯泰说过：幸福的家庭是相似的，而不幸的家庭各有其不幸的原因。有人将其演绎为：成功的企业是相似的，而失败的企业各有其失败的原因。国内许多名

优驾校在教练员考核体系上大致相同,例如南京钟山驾校的教练员考核就具有一定的代表性。

南京钟山驾校为进一步增强教练员的责任感,驾校每月对教练员培训工作开展全方位考核,并在考核体系中突出学员评价所占比例,形成了科学的考评机制,进一步强化了教练员质量意识、服务意识和安全意识。教练员的日常考核分为五个方面。

1. 服务满意率

学员对教练员考核共有三种方式:一是训练结束后的课时评价;二是学员意见卡评价;三是驾校服务网评价。其考核如下:

课时评价的考核标准为:一个"差"扣50元当月服务工资,并在半年考核时扣5分;评价为"一般"时,累计四个"一般"时,每个扣5元。

学员意见卡和驾校服务网的考核标准:表扬一次在半年考核时加0.5分,批评一次按考评"差"处理,扣50元当月工资,并在半年考核时扣5分。

2. 培训安全考核

为提高教练员的培训安全意识,自觉遵守道路交通安全法规,为人师表,礼貌培训和驾车,在培训过程中保持充沛的精力,正确处理道路交通情况,对教练员的培训安全实行考核。发生有责事故除按事故大小扣除当月至半年安全奖及按事故损失30%给予处罚外,在半年绩效考核中分三个层级减扣考评分数,强化了对教练员的培训安全管理。

3. 车辆维护考核

为保持教练车完好的技术状况和清洁状况,培养教练员勤检查、勤保养的良好习惯,在培训前、培训中、回校后及时开展例行检查工作。对日常检查中发现的故障及时维修,做到"不带病"行车,保证培训安全。教练员对保管的教练车负有"检查、维护、清洁、完好"的责任,并由安技处每月对教练车进行检查和考核,增强了教练员对教练车保养、清洁的责任心,为培训安全提供了车辆技术保障。

4. 违规违纪考核

教练员在培训过程中,发生违规违纪行为,教学态度生硬,语言和行为不文明等现象的,根据违规违纪的情节,分A、B、C三个层级进行严肃处理。A是有重大过失记录扣10分;B是有严重过失记录扣8分;C是有轻微过失记录扣5分。

5. 合格率考核

为进一步提高教练员的质量意识,把好培训各阶段的质量关,驾校制定了考试合格率的考核体系,对教练员各科目考试合格率进行考核,并依据合格标准当月向教练员发质量奖。对达不到规定合格率的教练员,扣除当月质量奖。通过完善的质量考核机制,在教练员队伍中形成了良好的质量氛围,推动了驾校培训质量的稳步提高。

以上五项指标的考核得分作为星级教练评定的依据。星级教练员的评定工作,每年进行两次,分为一星级教练员、二星级教练员、三星级教练员和四星级教练员。星级教练员在下一个考核周期内,享有每月100~400元不等的奖金。星级教练员评定设置了1~3年不同的在校执教年限。考核分值在60分以下的教练员待岗三个月,领取待岗工资,接受驾校再培训,达到上岗要求,重新安排上岗。否则,给予劝退处理。

与南京钟山驾校不同的一点是,有些驾校把招生量也纳入教练员的月度考核,以此提升教练员的服务意识、市场营销意识,增加驾校的自主招生比例,同时也能提高教练员的收入。

考核就会有高低,考核就要分优劣,否则考核就失去了意义。对考核中不合格的教练员，南京钟山驾校的做法是待岗培训，仍达不到标准的予以劝退。但是，也有许多驾校校长在辞退不合格的员工时张不开嘴，下不了手。将就来将就去，最后是误了自己的事业。不会淘汰人、不忍淘汰人、不善淘汰人的管理者，肯定无法成为一个合格的管理者，肯定打造不出卓越的企业。

杰克·韦尔奇在通用电气公司历任总裁中，无疑是最成功的，因此受到全世界的关注和推崇。但杰克·韦尔奇在通用电气公司的十年，一直被称为企业界的"魔王"，因为他对员工很严厉，甚至达到残酷的地步。他曾提出要把每年员工考核评价最差的10%清除出去，因而被许多人斥为"野蛮行径"。韦尔奇的理由是："让一个人待在一个他不能成长和进步的环境里，才是真正的野蛮行径和假慈悲。先让一个人等着，什么也不说，直到最后出事，实在不行了，不得不说了，这时才告诉人家：'你走吧，这个地方不适合你。'而此时他的工作选择机会已经很有限了，而且还要供养孩子上学，还要支付大额的购房贷款，这才是真正的残酷。"做人做事必须诚实，做企业更要诚实。然而有时诚实是残酷的，或者说是有些残酷的事情，我们必须以诚实的态度面对，对不称职和严重违纪的员工的辞退就是这样。欧美企业在年终考核评估时，对企业全员的考评结果进行排队，并按一定的比例进行奖罚，这就是欧美企业较为通用的"1855规则"。其中：10%表现优秀的员工，受到重奖；对80%员工的工作情况予以肯定；5%的员工受到批评；最后5%的员工是考核不合格的，要被解聘。

蒙牛老总牛根生在一次企业培训会上说："不管是总裁，还是小职员，为了保住自己的地位和工作，就不得不尽心尽责，全力以赴。只为成功找方法，不为失败找理由！像对待猎物那样对待工作，像对待家庭那样对待企业。在蒙牛忌讳说尽力而为，如果你有智慧请你拿出来，如果你缺少智慧请你流汗，如果你既无智慧又不愿意流汗，请你离开。"

三、制定标准，画出图像，从日常行为上分出优劣

漫画是一种形象艺术，它通过以简单而夸张的手法来描绘生活或时事的图画，给人以强烈而直观的感觉。我们在教练员的日常管理中是否也可以借鉴漫画的艺术形式，给教练员画一张正反对比的画像呢？从定性上区分出教练员的优劣，让学员好监督，让教练员好自省自修。下面"受欢迎和不受欢迎的教练员的6个区别"便是出于这种考虑而撰写的。

1. 受欢迎和不受欢迎的教练员的6个区别

①受欢迎的教练员态度和蔼耐心微笑多，不厌其烦鼓励多；不受欢迎的教练员态度粗暴脸难看，语言尖酸刻薄话难听。

②受欢迎的教练员廉洁自律拒礼品，尽职尽责，如谦谦君子，给学员以安全感、信任感；不受欢迎的教练员收礼索贿，敷衍了事，似戚戚小人，给学员以厌恶感、压力感。

③受欢迎的教练员学富身正，钻研教学，是学员的良师益友；不受欢迎的教练员一瓶子不满半瓶子咣当，忽视学习，与学员形同陌路。

④受欢迎的教练员急学员所急，想学员所想，是服务员；不受欢迎的教练员打自己的算盘，想自己的利益，是"大爷"。

⑤受欢迎的教练员处处谨慎小心，专心训练，讲安全、讲车德；不受欢迎的教练员马虎大意，精力分散，安全意识差，文明意识差。

⑥受欢迎的教练员维护驾校品牌，承担团队义务，好学上进，是驾校离不开的人；不受欢迎的教练员个人至上，得过且过，当一天和尚撞一天钟，是离不开驾校的人。

2．教练员每天不要忘记的十项事

①每天都要对车辆进行一次清洁整理，保持车辆内外整洁。

②每天上车前照一下镜子，给自己一个自信的微笑，以饱满的热情开始教学。

③每天至少表扬鼓励一次你的学员。

④每天都要讲一个与驾驶有关的故事或笑话，以活跃学车气氛，缓解学员的紧张情绪。

⑤每天都要认真观察学员，琢磨业务，写教学日志，并自问：今天我有何收获和提高。

⑥每天都要有计划地读书，给大脑补充营养。

⑦每天都要打电话回访一两名老学员，沟通信息，密切关系，以利招生。

⑧每天都要主动地帮助同事和团队做点事情，成为团队的粘合剂。

⑨每天收车后都要反思一下，今日工作有何失误和遗憾。

⑩每天都要坚持做一次运动，或长或短，尤其不要忘记活动一下颈部。

第四节
提升教练员队伍素质的方法和途径

如何提升教练员队伍的素质是一个备受社会关注的课题，也是一个综合性的课题。对于教练员队伍素质的提升，作为教练员的雇用者、管理者的驾校，无疑要承担主要职责，是提升教练员素质的主渠道。驾校只有先扮演好教练员培训的投资者的身份，才能成为教练员培训的受益者。另外，行业主管部门的辅助作用和社会方方面面的关心关注也是不可忽视的。

一、发挥企业的作用，让教练员在持续培训中不断提高素质

管理优良的企业，花在员工培训上的时间，通常是管理一般和较差的企业的10倍以上。就上岗前的培训时间来说，优良企业通常在一个月以上，多的则达几个月，甚至半年。许多优秀的企业都有自己培养员工的商学院，如海尔、吉利、华为等。而一般的企业，大部分没有岗前培训，来了就上岗。

我们现有的一万多所驾校中，大部分新招聘的员工没有岗前培训，往往是找一个老教练员带带新手完事。如果说上岗前的连续封闭培训是解决驾校教练"先天不足"的问题，那么持续的岗位培训就是解决"后天失调"的问题。部队上有句话：从"老百姓"到军人之间有一个距离，但不是万里长城；驾培行业也应该有句话：从职业驾驶员到驾校教练员之间有一个距离，但也不是万里长城。缩短这个"距离"离不开培训，成为"王牌"更需要培训。

虽然《机动车驾驶员培训管理规定》对教练员的培训内容和时间都作了规定，但从各地实际落实情况看，效果并不令人满意。这主要是因为，培训内容的针对性不强、不系统，培训时间较短，培训形式往往采取上大课的方式，课堂秩序不好。总之，培训不能引起驾校校长和教练员的重视，大家都是采取应付的态度。要解决这一问题，必须从两个方面入手。

1. 要使驾校校长充分认识到最大的成本是没有经过培训的员工

海尔把培训提升到很高的高度来认识。过去只把员工作为成本，而张瑞敏说："没有培训的员工是负债，培训过的员工是资产。因为培训过的员

工获得了一定的知识和技能，其中包含了利润的成分，可以成为利润的增长点。"

公司最大的成本是人力成本，人力成本最大的成本是没有经过培训的员工。培训合格的员工，精通业务，熟悉岗位，忠于职责，可以一当十，而没有经过良好培训的员工则恰恰相反。驾校的成本有投资成本和运营成本，而许多驾校是输在了起点上的。建校之初，许多老板整天扳着指头算的是征地基建花了多少钱，购车投了多少钱，跑关系又扔进去多少钱。因此，为了节省成本，把员工的培训，尤其是教练员的培训费用省掉了。征地、基建、购车成本确实很高，但这些都不是最高的，真正致命的成本是没有培训过的员工和培训不到位的员工所犯的错误。由于培训不到位，致使招生人员、前台咨询人员专业能力不足，在不知不觉中慢待了学员，得罪了学员，损失了驾校的客户资源。由于培训不到位，致使教练员的职业道德、服务意识和业务水平欠缺，不仅使训练效率低下，车辆故障和交通大小事故频发，而且其粗暴教学、吃拿卡要，留下了坏的口碑，严重影响了驾校的可持续发展。由于培训不到位，致使管理人员既不专业，也不敬业，更缺乏执行力，战略得不到实施，制度得不到落实。一个没有经过培训的团队，不能算作团队，只是团伙；一个没有培训好的团队，不是正规军，只是杂牌军。而想成为有战斗力的特种部队，就必须进行严格的培训、系统的培训、持续的培训。没有培训好的员工是企业最大的成本，而培训好的员工就是企业最大的财富。对此，美国钢铁大王卡耐基有一段很经典的说法：带走我的员工，把我的工厂留下，不久以后工厂就会长满杂草；拿走我的工厂，把我的员工留下，不久后我们还会有一个更好的工厂。

2．培训的方法要科学系统有实效

我所独创并倡导的"王牌教练员十关培训营"无疑就是一种行之有效

的培训方法。"王牌教练员十关培训营"训练的目标是将教练员打造成"重责任、善服务、精教学、会营销"的"王牌教练员";培训内容以《机动车驾驶员培训教学大纲》《驾校教练员的五项修炼》《安全驾驶的引路人》为主,结合大量的案例进行;培训方式采取封闭式过"十关"的方式,即从面试关开始,到实习关结束,中间还有考核关、体能关、作风关、思想关、理论关、实操关、讲解关、组织关,每一关都有具体的训练内容和方法。为保证培训的效果,激发教练员的职业认同和学习热情,"十关培训营"还借鉴了"西点法则"和拓展训练的一些做法,制定了"王牌教练员十关培训营法则""王牌教练员之歌""王牌教练员誓词"。整个培训期为20多天。

新教练员培训合格以后,以崭新的面貌和新的训练管理模式上岗,将老教练员全部替下。然后,老教练员进入"十关培训营"培训,经过培训合格的重新上岗,不合格的就此淘汰(有时淘汰率高达三分之一到二分之一)。经过这样快速的大换血,教练员的综合素质得到明显提升,提升了驾校的竞争力和可持续发展的能力。

江西南昌蓝天驾校自 2005 年起,就提倡终生学习的理念,坚持开展"创学习型组织,做知识型员工"活动,鼓励教练员学习理论知识、驾驶技术、业务知识、服务礼仪、驾驶心理学等知识,以提升教练员的综合素质。为开阔教练员的视野,学校还经常鼓励优秀教练员外出参观学习,使他们能把握驾培行业发展的最新趋势。另外,他们结合驾培工作特点,经常开展教学课题研讨会、教学优质课比赛、驾驶技能比武和节能降耗劳动竞赛等多种形式的岗位练兵和竞赛活动,以提高教练员的理论和技术水平。通过营造"比、学、赶、帮、超"的技术交流氛围,保证了各种培训的实际效果和质量。

二、发挥行业的作用，让教练员在职培训切实发挥作用

《机动车驾驶员培训管理规定》规定：机动车驾驶员培训机构应当加强对教练员的职业道德教育和驾驶新知识、新技术的再教育，对教练员每年进行至少一周的脱岗培训，提高教练员的职业素质。无需赘言，组织在职的教练员进行再教育是运管部门职责所在，使命所系。对于该规定，各地运管部门严格执行的有之，创出经验的有之，蜻蜓点水走过场的有之，没有落实的也有之。作为主管部门，我们该怎样有成效、有力度地让驾校及教练员乐意积极配合、认真参训呢？这要解决好两个问题。

1．请谁来对在职的教练员进行培训

请谁来对在职的教练员进行培训？怎样才能达到事半功倍的效果？这是行业管理部门的领导很伤脑筋却又回避不了的问题。是自己培训，还是请省里的专家培训；是请行业外的培训机构培训，还是请行业内"外来的和尚"培训。如果战略选择错了，那么靠战术是无法弥补的。

1) 由自己培训。每个地市的运管部门都有几个精通政策和业务的专业人员，如果让他们既当培训的组织者，又担任培训讲师，往往会出力不讨好，因为他们的专长是对行业政策的理解和把握，而不是驾驶培训、驾校管理理论的研究，他们头上缺乏光环，权威性不够高。虽然自己培训会节省费用，但驾校重视的往往是时间成本和培训效果，而不是少交一点培训费用。因此，自己培训，不是上策。

2) 由本省专家培训。本省本地的驾培专家在新教练员入行拿教练证时，已经亮过相，授过课，如果反复邀请他们来培训，不仅会使教练员们因老面

孔、老内容而产生"审美疲劳",也很难得到新知识、新观念的灌输。因此,剩饭不能年复一年炒来炒去,职业培训切忌"年年岁岁花相似",应该"岁岁年年人不同"。

3) 由行业外培训机构培训。行业外的培训机构多如牛毛,名声大,水分多,针对性差。他们往往讲企业管理的普遍规律多,讲驾培行业的特殊规律少,听着热闹,回来没用是许多驾校校长们的共同感受,因此这个选项也要慎重。

4) 由行业内"外来的和尚"培训。在国内驾培行业已经出现了专门从事驾驶培训和驾校管理经营的研究团队,他们集众家之长形成自己的体系,他们理论联系实际,他们来源于实践,又回过头来指导实践,专门的人做专门的事,这种选择肯定不会错。

2. 怎样对在职的教练员进行培训

这里要谈到"德州模式"。2011年夏季,北京新华德御管理咨询有限责任公司接受德州运管处的委托,以"王牌教练员培训营"的方式,对德州35所驾校的校长和全体教练员分十期进行了轮训,取得了驾校校长、参训教练员和运管部门三方都满意的效果,当地新闻媒体给予了高度评价,称之为"德州模式"。其主要做法:①选择了一个好合作伙伴,培训内容新颖,体系完整;②分期分批进行封闭式训练,地点选择在"预备役军官培训中心",费用低,氛围好;③校长和骨干组成的"精英班"首先轮训,开了好头,校长们参训后对培训的认识提高很大,对培训的效果高度认可,为后续的教练员培训打下了坚实的基础;④理论学习和技术比武相结合,由此建立起教练员的专业档案;⑤通过培训搞清了各驾校教练员的真实人数,为下一步的整改打下了基础;⑥培训方式科学合理,采用了不影响驾校正常运转的"轮训"模式。十期轮训结束后,德州35所驾校举行了一次规模盛大的"在岗教练员培训营结业仪式",经新闻媒体报道后,对改善当地教练员队伍的形象起到了很好的作用。

再说说"广元模式"。2012年11月23~25日,北京新华德御管理咨询有限责任公司受四川省广元市驾培协会的邀请,为15所驾校近千名教练员进行了三天的集中培训。培训前,广元市运管处和驾培协会精心准备,做到了培训内容、培训教材、培训老师、培训时间、培训地点、培训程序六落实,广元市车管所给予积极配合,三天培训期间不安排考试,保证了参训人员精力集中;培训中运管处和驾培协会无缝对接,紧密配合,做到了保证授课效果、保证会场秩序两个保证;培训结束后进行了严格考试,并把考试结果与教练员和驾校的年度考核双挂钩。

德州、广元模式告诉我们:一项国家有要求、驾校有需求、教练员有追求、主管部门有诉求的工作,我们没有理由不把这项工作做好,实现多赢。

三、发挥社会的作用,让优秀的后备力量进入教练员队伍

1. 军地两用人才的培养

曾有位专家对华为公司进行了"微服私访",专门查看华为的驾驶人,结果让他大开眼界,也从中悟出来很多道理。华为的驾驶人多数是从内部保安人员转过来的,而保安人员则几乎全是从三军仪仗队、国旗班、驻港部队退伍的军人中招募过来的。他们不光人长得帅,关键是非常规范:个个西装革履,即使在盛夏穿衬衣也系领带。车里一尘不染,空气清新。他们不开快车,不猛踩制动踏板,不快速驶过积水路面。在客人上车时,他们会手扶车门说:"您好!请当心。"到了吃饭的时间,无论客户如何诚心邀请,他们

也不会与其一起吃饭,而是独自吃,不喝酒,等客户吃完了,他会准时等在门口。

华为挑选员工是严格的,培训也是严格的,华为的驾驶人让许多客户感到羡慕。作为驾校,我们是否也可以培养一批像华为驾驶人一样的教练员队伍呢?

在复员大军中,有一个特殊的群体——司机兵,这其中有的是搞运输的,有的是开炮车的,有的是给各级指挥员开车的。他们在部队的司训大队按照从实战出发的标准进行训练,训练难度之大,训练时间之长都超过地方的驾校。而这些司机兵中有许多因为表现优秀被部队多留了几年,已具有五年以上的驾龄。更为可贵的是,这些复员军人经过在人民解放军这个大熔炉的锤炼,养成了服从命令、听从指挥、遵守纪律的优良作风,其使命意识、责任意识、团队意识都很强。而这些作风和意识,正是现在在校的这些以职业身份转换而来的教练员所缺乏的。如果把社会上的复员司机兵招聘在一起,进行高质量的培训,分散或整体推荐给驾校,肯定会受到驾校的欢迎。这样,既改善了教练员队伍构成,也解决了复员司机兵的就业问题。

2007年4月,军人出身的潘健毅以47岁的"高龄""半路出家"来到肇庆市鸿景驾校当了教练员。上岗后,潘教练军人作风不变,他不抽烟不喝酒,严格遵守驾校的规章制度,每天往返30公里骑着自行车上下班。他把"只要学员满意,老板就一定满意"作为工作的信念,把学员因掌握驾驶技能后的开心作为自己工作中最大的享受,因此被一些教练称之为"傻子教练"。就是这个"傻子教练",学员喜欢、老板赏识,不仅培训出来的学员考试合格率高,而且还是招生"状元"。

2. 交通院校科班驾校管理专业的设置和教练员的培养

大学生的就业问题目前已成为严重的社会问题,但这并不意味着每个行业都人才过剩，而驾培行业就存在着严重的人才荒问题。其原因主要有两点：

其一是由驾培行业的迅速发展所导致。众所周知，中国的汽车市场发展迅速，我国的汽车保有量已居世界第一。2004年，我国允许民营资本进入驾培行业后，驾校如雨后春笋般迅速发展。这些驾校管理的人员，大都没有从业经验，既缺乏驾驶培训的知识，也缺乏驾校经营的经验，并很少进行系统补课。要提高驾培行业的整体素质，需要从这些"说了算"的人身上抓起，也需要不断地补充有专业素质的后备管理人员。

其二是行业特殊。驾培行业是教育行业，要遵循教育行业的基本规律；驾培行业是服务行业，要有服务行业的文化特点；驾培行业又是竞争激烈的商业公司，要按照市场竞争的法则办事。因此，既懂汽车驾驶教育培训，又懂企业管理和营销的专门人才不是很多。

如果交通类院校在汽车工程系增设驾驶培训和驾校管理专业的专科，在未来几年内是很受欢迎的。课程设计中除了汽车工程、安全工程的内容外，要适当增加企业管理和市场营销方面的课程，以及《机动车驾驶员培训教学大纲》《机动车驾驶教练员国家职业技能标准》等专业课程。

如果整个驾培行业通过几年的持续努力，让原有的教练队伍中优秀的人员保留下来，把部队复员的司机兵和交通院校的学生不断充实进来，并按照机动车驾驶教练员职业技术标准的要求，不断规范和提升整个队伍，相信驾培行业的面貌会焕然一新。

第六章

培训篇

驾校要挣钱,首先讲安全。开门七件事,安全是第一。不怕你审美疲劳,就怕你安全意识不牢。宁可听因严抓安全管理而引起的骂声,也不听出现事故后的哭声。

第一节
培训模式

《机动车驾驶培训教学与考试大纲》对训练内容、目的要求、训练课时都做了规定，但对是由一个教练员单独完成对学员的训练还是由几个人合作完成对学员的训练没有明确的规定，因此各地也就出现了形形色色的训练模式，有传统的由师傅带徒弟衍生来的"一条龙"训练法，也有按照现代分工合作的生产流程派生出来的"流水线"培训法，这其中既有城乡差别，也有南北差别。"流水线"培训法就是按照工业协作的做法，把一个产品的生产分成若干个工序，每人分管一个具体的单元，在多人合作下，共同完成一个产品。驾校的"流水线"培训法基本上与《机动车驾驶培训教学与考试大纲》的分段相吻合，即理论教学与模拟训练为第一单元，场地训练为第二单元，路训为第三单元，也有的驾校分得更多。

一、"流水线"培训法的优点

1. 有利于提高训练效率

如果一个医生对外科、内科、五官科、妇科的病都诊治，那么这个医生可能会是一位优秀的医生，但如果他专注于研究一个学科的话，他就可能是一个专家。机动车驾驶培训也是这个道理，如果教练员只专注于研究场地训练的五个科目，只要集中精力全力以赴，就会研究得很细致，很到位，训练效率会很高。

2. 有利于廉洁施教

实行"流水线"培训法往往与预约式学车合二为一，也就是学员通过电话、网络等手段，预约某一时段跟随某位教练员练车，这样学员就不会受制于某一位教练员，喜欢哪位教练员就可以多约他的车，不喜欢就"拜拜"。由于主动权在学员而不是在教练员手中，何时考试教练员也说了不算，因此教练员吃拿卡要也就没有了土壤和市场。

3. 方便学员，节省学员的时间

如果8个人一车，每天8名学员都来校训练，那么每人的训练时间也就是1个小时，如果是预约"流水线"培训法，学员预约了1个小时，其他时间可以干其他事情。学员自主选择培训时间和教练员，凸显出该模式的人性化服务，使学员真正实现了培训、工作、生活三不误。

二、"流水线"培训法的缺点

1．不利于因人施教

北京的驾校大都实行预约式"流水线"培训法，许多学员完成整个学车流程，拿到驾照，往往要经过几个甚至是十几个教练员的指导。由于每个教练员教授训练的时间有限，因此每个教练员对学员综合情况的掌握也相对有限，对学员的心理状况了解得可能更少，因此很不利于因人施教。因为对学员的训练不仅仅是单个动作要领的训练，更是综合驾驶习惯、安全意识和心理素质的培训，而后者在如此频繁的教练员更换之中是很难完成的，很难做到连续性的纠正和强化。

2．不利于提高教练员的综合素质

机动车驾驶教练员是利用机动车辆及辅助教学设备，采用多种教学手段，向培训对象传授道路交通安全知识和安全驾驶技能的人员。如果教练员按着"流水线"培训法工作，只培训一个点，而不是一个面，那么他学习、运用的知识和技能就很狭窄，久而久之综合能力就会下降。

3．不利于品牌教练员的塑造和招生

品牌教练员相当于一个舞台上的主角，如果他德艺双馨，他的影响力和号召力就大，票房价值就高。如果一个角色分段由几个人来演，那就都成了跑龙套的，就很难塑造名角。一个教练员只有全过程教授好学员，服务好学员，才能得到学员的认可，只有得到学员的认可，学员才能源源不断地给我们介绍新学员。

4. 不利于合格率的考核

合格率是考核教练员的重要指标，也是关系驾校经济效益的重要数据。采用"一条龙"培训法，合格率的考核能够一目了然，合格率高是这个教练员的成绩，合格率低是这个教练员的问题，优劣高低无人分摊，无法争功诿过。"流水线"培训法则不然，一个科目多人培训，有的教练员水平高尽心尽力，也有的教练员水平低敷衍了事，最后如果学员没有通过科目考试，培训这个学员的诸多教练员要按培训课时分担责任，这种方式很容易出现滥竽充数的南郭先生。

5. 不利于控制学员的进度

凡采用预约式"流水线"培训模式的驾校大都对学员学车时间无法限定。由于工学矛盾，再加上约车难，学员三天打鱼两天晒网、一曝十寒是常态，这不仅拉长了学车的时间，也降低了掌握驾驶技术的效率。北京某驾校的校长作了这样一个"烧开水"的比喻：如果我们连续烧一壶水，也许五分钟就烧开了，但如果烧一分钟停下，过一段时间再烧一分钟又停下，这壶水即使累计烧了半个小时，也烧不开。

三、实行"流水线"培训法的条件

"流水线"培训法具有科学性、实用性，也有缺陷。在传统的"一条龙"培训法大行其道之时，在学员们纷纷抱怨十几人一车，乃至几十人一车，每天练不了几次，高耗时低效率的情况下，"流水线"培训法会给驾校带来招生亮点，对学员有吸引力。但是实行"流水线"培训法是要具备一定的客观条件的，并不是所有的驾校都适合。

1. "流水线"培训法适合人口密集的大中城市

城市人工作节奏快,时间观念强,珍时守时,加上交通的便利和电脑的普及,都给"流水线"培训法提供了土壤。

2. "流水线"培训法适合大驾校

大驾校生源多,训练车辆和后勤车辆多,管理人员多,实行"流水线"培训法有充分的资源,有可调节的余地。而小驾校没有足够的班车接送学员,没有足够的教练员和教练车供选择,"流水线"培训法不仅会大幅增加培训成本,可能还会严重影响培训效率。

3. 要有信息平台作支撑

"流水线"培训法的预约方法可以通过电话、短信和到驾校前台登记等多种方式,但最快捷方便和易于管理的还是通过信息平台预约。因此要想实行"流水线"培训法的驾校,一定要选用好支撑预约式"流水线"培训法的管理软件,并配合学员手册、驾校宣传册等,让学员掌握好预约的方法。

四、"一条龙"培训法的优点

1. 有利于因人施教

学员的性格、背景、文化程度千差万别,有的沟通能力好善于表达,有的则内向寡言,常常沟而不通;有的安全意识好小心谨慎,有的则喜欢冒险刺激,交通法规意识淡薄;有的接受能力快,能举一反三,有的则反应慢理解慢;有的天生车感好,有的就是对车没有感觉。凡此种种,一花一世界，一叶一菩提。因人施教是教育的一个基本原则，教练员要根据学员的不同情况制定不同的训练方案，这也就是为什么要求教练员写教案的原因。如果频繁更换教练员，教练员就很难熟悉学员，做到有的放矢地训练。

2．便于考核

"一条龙"培训法责任明确无误，不存在着责任分摊的问题，想滥竽充数也不可能，培训一次过关合格率高是教练员的成绩，合格率低学员屡考不过是教练员的问题，一切不存在争议。而对于"流水线"培训法而言，如果学员没能通过考试顺利毕业，可能和几个甚至十几个教练员有关，责任大家承担，板子打不到具体某个教练员身上，因此绩效考核的效果就不明显。

3．有利于品牌教练员的打造

"一条龙"培训法既要求教练员对学员全过程的教学训练服务，又要求教练员必须全面而不是部分地熟悉《机动车驾驶培训教学与考试大纲》，掌握全套而不是某一阶段的训练流程和技巧，这既是对教练员的挑战和考验，也有利于教练员的全面成长，有利于教练员综合素质的提高，有利于教练员"口碑"的打造。

4．有利于售后服务和招生

学员拿到驾照后离熟练地驾驶车辆往往还有一定的距离，在开车的过程中会遇到很多这样或那样的问题，这时他们首先想到的往往是向自己的教练员咨询。如果是"流水线"培训法培训出来的学员，他不知咨询哪位教练员好，而"一条龙"培训法培训出来的学员，只要教练员在培训期间认真对学员负责，获得了学员的信任，学员当然就会向自己的教练员咨询。这样教练员把拿照后的训练终点变成了"售后"服务的起点,扶上马,再送一程,在继续保持联系的过程中,不仅巩固了友谊,自然也会收获老学员介绍的新学员。

五、"一条龙"培训法的缺点

1. 容易出现行业不正之风

目前,驾培行业吃拿卡要的"潜规则"没有彻底销声匿迹,粗暴教学等不良现象没有彻底杜绝,从训练形式上与"一条龙"培训法有一定的关系。在许多驾校,学员练车时间的长短、考试日期的提前和拖延一定程度上掌握在教练员的手中。有的学员为了得到关照,顺利拿照,早日拿照,会主动地讨好教练员,或者请吃请娱乐,甚至送礼品。有些职业道德缺失的教练员也会通过给"脸子"看、出难题、暗示等方法索要礼品,收受钱物。如果学员学车拿照的命运不系在一个教练员身上,自然这种不正之风会扭转。然而,驾培行业的不正之风主要是内部管理和教育上的问题,虽与培训模式有一定的关系,但不是根本的原因。

2. 过多占用学员的时间

如果每天的训练时间为8个小时,每个教练员训练8个学员,如果采用"一条龙"培训法,8名学员都来,每人只能训练1小时,如果人更多,则1个小时也保证不了,这就会出现上车1小时,等待7小时的现象。如果采用"流水线"培训法,学员按约好的时间而来,训练结束就走,则节省了等待的时间。

第二节
培训效率

提高合格率是驾校经营管理中的硬道理，合格率关系学员、教练员和驾校三方面的利益关系，不仅关系学员能否早日拿照，是否会成为合格的驾驶人，也关系到教练员的收入和驾校投资人的效益。合格率低，学员抱怨，教练员埋怨，驾校既无社会效益，也无经济效益。许多驾校只要合格率上不去，就一味指责教练员，这是不够全面的。诚然，合格率高低的首要责任人应该是教练员，但驾校管理者也有不可推卸的责任。提高驾校的合格率是一个综合性的问题，要从三个方面着手予以解决。

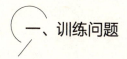
一、训练问题

1. 不要让老方法影响新形势——对教练员进行"双规"

在许多驾校，教学训练方法不统一，以"倒桩"和"侧方位停车"为例，有的采取"扭头法"，有的采取"看后视镜法"，有的采取"扭头和看后视镜"相结合的方法。这些方法都有其可取性，但具体到哪一种具体方法，教练员们又派生出来许多不同执教手法，可谓是一人一把号，各吹各的调，有的合格率高，有的合格率低，但教练员们之间相互不服气。如果驾校还没有统一训练方法，那么就要对教练员实行"双规"——在规定的时间内，进行规定内容的学习，达到教学训练方法的统一。教学训练方法的统一和制度建设一样,也要遵循先僵化再固化后优化的原则,在总体统一的基础上,方可针对不同的学员,实行因人施教的个性化训练。

2. 不要让数量影响质量——对考试学员进行"筛选"

每所驾校几乎都受困于考试名额的不足,为了不造成名额的浪费,即使训练不足,也会让一些"半成品"的生手去试试运气。这种撞大运的也许会有个别学员幸运过关,但总体合格率会大幅度降低,不仅会影响驾校在全市驾校合格率排行榜上的名次,更会影响驾校的市场形象,得不偿失。

3. 不要让个别影响整体——对"老大难"教练员进行重点"帮教"

许多驾校影响合格率的往往是几个"老大难"教练员,这些"老大难"教练员大多有其特殊性,或者是驾校建校时的"元勋",当年有功劳,现在有苦劳,但年龄偏大,文化程度偏低,方法陈旧;或者是有背景、有关系,批评不得,辞退不得;或者是个性暴躁,性格偏激,自以为是,我行我素。驾校是一个经营实体,不是慈善机构,不能以牺牲企业的社会效益和经济效益为代价来照顾这些"老大难"教练员,而是应该对这些"老大难"教练员进行重点"帮教",派专人负责,提升其教学训练能力,更新其教学训练方法。达不到标准的调换工作,甚至辞退,不能再让其误学员,误驾校,误社会。

二、管理问题

1. 测试体系不完整——三步测试法

有些中小驾校学员参加考试的依据,不是培训记录,不是是否达标,而是仅凭教练员的推荐,中间没有测试,这种管理模式非常原始落后,既不严肃,更不科学,既容易产生"潜规则",也影响合格率。在规定的课时内,在完成了培训教学大纲规定的科目的训练后,必须对学员训练状况进行测试,这不仅在于掌握真实情况,把好关,还在于通过多次测试有效缓解学员的紧张心理,让其以平稳的心态踢好"临门一脚"。学员在科目二、科目三考试前,一般可以进行三次测试,测试时间由前往后,测试级别由低到高,方法为:一是完成训练项目后,教练员间互换学员进行测试,二是在巩固期内由队长进行测试,三是考前由考试科或总教练、负责训练的副校长进行最终测试。谁承担驾校合格率指标,谁有最后的测试通过权。

2. 绩效挂钩不合理——有奖就要有罚

不管是民营驾校,还是国有驾校,大部分驾校教练员的工资都是复合型工资,除了基本工资外,收入要与综合考核得分、服务满意率、合格率、招生量、安全挂钩。我考察过的几百所驾校,通过调查发现,很多驾校对教练员合格率的考核是只奖不罚,即毕业一个学员提成多少钱,如果这个月没有学员毕业,学员都砸在教练员的手里,教练员也只是拿不到提成,没有罚的问题。合格率达不到一定比例,这名教练员就没有给驾校实现盈利,对亏损的教练员当然要给予经济上的处罚。让合格率低的教练员不仅收入上大减,如果进行"双规"帮扶后,仍提升不上来,还要考虑这名教练员的去留问题。合格率低下不达标,应作为教练员末位淘汰的重要依据,有压力才能有动力。

3. 数据分析不到位——要精细化管理

生产型的企业都会有质量分析会,一旦产品出现了质量问题,相关人员都会相聚在一起,一个环节一个环节地找问题,查原因,进行量化分析,在充分论证后,再制定措施,亡羊补牢。学员考试不过关,也相当于产品出现了问题,也应该进行详细分析,寻找症结所在:是动作不到位,还是心里紧张失常;是考试场地不熟悉,还是考试车辆有问题。凡此种种,既要有质的界定,也要有量的统计,看影响合格率的主要原因有哪些?相同情况的又有多少?问题找得准确,分析得透彻,解决起来就容易多了。

三、考试问题

1. 减少关系考生,杜绝水货考生

许多中小驾校参加考试的学员中或多或少地总有个别或部分凭关系提前安排考试的学员,这些人往往达不到训练和考试的标准,属于照顾者,这些"关系学员"合格率低于正常学员,是合格率排名"扯后腿"者。固然,有特殊关系的学员要照顾,办驾校不能关起门来过日子;有特殊困难和情况的学员也要照顾,人性化办学就要有一定的灵活性。但这一切都要有一定的限定,不能会闹的孩子有糖吃,即使照顾也要有原则:一是照顾原因要有界定,不能有原因、有关系就照顾,不能滥批;二是批准人要有界定,只能一人有批准权。即使批准了提前考试,也要对其进行测试,不达标准可以重点突击训练辅导,要让其达标后再考试。

2. 争取名额,争取复考

考试的名额有弹性,这是人尽皆知的事情,这和公共关系的到位程度成正比。同样是一天的考试,考官能否早晨早来一点,中午少休息一点,晚上晚走一点,那就会多考不少学员,反之则会少考不少。考试出现意外,接着复考一次,可能就过关了。虽然随着电子考试设备的广泛运用,人为的影响在逐渐减少减弱,但目前还是有很大的伸缩空间。因此在不违反法律、道德的原则下，积极和正面的公共关系是必不可少的，也是重要的，但一定要掌握合理的度，训练质量是基础，公共关系只能起辅助作用，不能主次颠倒。

3. 熟悉考场，熟悉程序

大部分驾校没有自己的考试场，场地考试不是到车管所的考场，就是到其他驾校的考试场。由于适应场地要额外花费用，加之时间有限，致使许多考生没有机会熟悉场地，在一定程度上影响了合格率。如何解决呢？上策是尽量安排学员到考场进行适应性训练，该花的钱一定要花，该走的训练流程一定要走；中策是用摄像机把考试场拍摄下来，然后请人制作成3D训练软件，能在模拟器上演练，进而达到熟悉考场、熟悉考试程序的目的；下策是想办法搞到考试场地的布局图，让学员多看几遍，也能达到熟悉考场的效果。另外，在考试之前，驾校的理论教练员或带队考试的教练员一定要给考生做好考前辅导，讲清楚考试流程、判分标准以及注意事项等需要掌握的种种细节，让学员心中有数，不打无把握之仗。有些有心的教练员把科目三考试中应该注意的事项编成顺口溜，让学员掌握，起到了很好的效果。

机动车路考顺口溜

绕车转一圈，上车喊"报告"！

拉门迈右脚，系好安全带。

坐好叫考官，面带梨窝笑。

关门深呼吸，坐姿要摆好。

查看空档位，点火要轻柔。

方向别忘了，挂档要干脆，手刹要放掉。

起步问考官，多看后视镜，喇叭来欢叫。

离合器放松，做好半连动，出发要稳当，别让考官晃！

> 换档要及时，加档要迅速，遇人要刹车，可别过了头。
> 转弯要减速，立即减下档，多看多停顿，安全放心中。
> 肩膀要放松，双手放到位，神态要自然，莫因考官慌。
> 自己有信心，艰辛都不怕，胆大又心细，礼貌别忘了。
> 只要牢记着，考试准能过！

第三节
培训安全

一、驾校要挣钱，首先讲安全

2012年春节前夕，我在豫西某市考察驾校，听当地驾校的朋友讲，这里有一所叫"巴顿"的驾校，前不久刚刚发生一起车毁人亡的交通事故。这所规模不大、利润空间也不大的驾校，因为这次事故，可能会导致全年利润归零。

春节期间，利用节日的空闲，我对驾校安全体系构建的讲座又重新进行了充实。在整理中，一件件、一桩桩发生在驾校里的事故再次汇集到案头。

> 2011年6月27日17时50分许，23名学员同乘定西交运集团所属定西交通技工学校教练车，由宁远镇往城区方向行驶至事故路段过桥处会车时，右拐翻入十米深的沟里，造成6死16伤的交通事故。

2011年5月25日11时50分左右,江苏常州某驾校一辆教练车沿常州市武进区延政西路由西向东行驶至环湖西路附近时,突然失控撞断道路中心护栏,冲入对向车道,与由东向西行驶的一辆大货车发生相撞事故,造成教练车上5名驾乘人员4死1伤。5月28日早上8点40分左右,该驾校一教练车停在道路边,教练员在附近的早餐店里吃早餐,学员私自动车,结果把加速踏板当成制动踏板,撞伤路边3位老人。
……

一件件、一桩桩,学员轧死学员的,学员碰死教练员的,学员撞死路人的,教练员轧死路人的,五花八门;一件件、一桩桩,均以生命、伤残、经济损失为代价。

春节过后,伴随着阵阵的鞭炮声,天南地北的驾校纷纷开工开业了。在迎来几日不见的员工,安顿好首批来训的学员后,作为一名驾校校长,在年后第一次教职员工大会上,您准备讲什么?让员工收收心,尽快进入工作状态,这自然要讲;搞好招生,争取开门红,自然也要部署。但放在首位的应该是讲安全,安全是驾校的基础和命脉,驾校的首次员工大会一定要强调安全。

教练员是安全驾驶的引路人，驾校是交通安全的第一道防线。驾校校长作为驾校安全的首席执行官，安全不仅要挂在嘴上，更要落实在行动上。不仅要清楚驾校安全事故的主要原因是什么，还要扪心自问几个安全问题：您对教练员进行过安全教育吗？您与学员签订过安全培训合同吗？您制定过安全训练管理规定吗？您的安全训练管理规定落实了吗？您有交通事故应急处理预案吗？驾校要挣钱，首先要讲安全，开门七件事，安全是第一。

驾培要避免事故，化解危险，就要有严格的制度和严明的纪律。豫西巴顿驾校的事故使我想起了巴顿的一句名言："纪律是保持部队战斗力的重要因素，也是士兵们发挥最大潜力的关键。纪律只有一种，这就是完善的纪律。假如你不执行和维护纪律，你就是潜在的杀人犯。"这句话也适用于驾校的安全制度和安全纪律！

二、驾校安全事故的四大原因

1. 教练员脱岗或未随车指导

案例一

据《齐鲁晚报》2010年9月25日报道：24日上午，威海市某驾驶培训基地的一名学员在学车时撞上了另外两名学员，其中一名22岁的女青年死亡，另一伤者受伤较轻。事发时，教练员不在车上。目前警方已介入调查。

当天下午，记者赶到事发驾校，只见许多学员三五成群地聚在一起议论纷纷。他们反映，事发时间在上午11时40分左右，肇事的学员是一名中年妇女,该妇女在驾车时可能错把加速踏板当成制动踏板,直接撞向了场地内的一男一女两名学员,女青年被撞倒后当场死亡,男青年躲闪较快,受了点伤。死者今年刚22岁,事发时,教练员不在车内,且有许多学员在训练场地活动。

案例二

2010年3月18日上午7时许,杭州某驾校一辆教练车在西溪路681号训练场地进行场地教学训练。车上学员两名,均为女性,一位正进行驾驶训练,另一位坐在车内后座,教练员在车外指导不随车训练。

早上7时15分左右,教练车在训练时突然冲上场地围栏及隔离墩,撞破围栏以及隔离墩后,冲出训练场并撞向相距2.7米的围墙,致使围墙倒塌,砸倒了正路过此地的蓝天小学六年级学生徐某。徐某经抢救无效死亡。

据调查结果,事故原因为教练员来某某严重违反教学规范,没有随车指导培训,致使学员因操作失误发生突发紧急情况时,未能采取有效应对制动措施,最终造成该事故。教练员未随车指导学员训练是"3·18"事故的主要原因。学员在训练过程中操作不当,错将加速踏板当成制动踏板,是导致"3·18"事故发生的直接原因。根据对事故初步调查分析,杭州市机动车服务管理局对肇事驾校予以全行业内通报批评。对教练员来某某处以3000元上限处罚,根据《杭州市机动车驾驶培训教练员累计积分制度》予以计满12分,并停止执教的处罚。杭州西湖区法院对此案作出判决,来某某犯重大责任事故罪,判处有期徒刑一年,驾校与教练员赔偿受害人家属74.8万元。

每个学员都可能是一个"破坏大王",什么不可思议的误操作都可能出现,教练员必须随车指导,如果有事情离开,必须拔掉车钥匙,或采取其他可靠措施,决不可大意疏忽。另外,在场地训练的有些科目,要把节气门拉索摘掉,或者把加速踏板顶起来,防止错把加速踏板当成制动踏板后车辆失去控制。个别驾校为了利益最大化,一名教练员同时执教两辆教练车,这不仅会大幅降低训练效果,同时大幅增加了安全事故的概率,是一种饮鸩止渴的自杀式经营。

2. 麻痹大意和疲劳执教

案例三

2008年8月19日,南京某驾校一教练车由学员驾驶,在205国道与省道交汇处掉头时,由于教练员疲劳执教,没有对学员进行指导,学员选择掉头时机不对,教练车在路中间熄火,大货车将教练车压于轮下。车内两名学员当场身亡,教练员身负轻伤。

案例四

2011年5月26日，教练员熊某驾驶达州市五环驾校的"川S0891学"捷达教练车进行路训，因疲劳驾驶加之车速过快，与前方同向行驶的"川S31218"大货车发生追尾碰撞，造成了教练员熊某和两名学员当场死亡、一名学员受伤、车辆严重受损的重大交通事故。

在到各地驾校的考察中,多次看到教练员在训练期间睡觉的场景,有的是在放倒的副驾驶座椅上睡觉,有的是在场地边上的躺椅上睡觉,在北京、山东、河南的有些驾校里甚至还拍到了教练员睡觉的照片。上述两个案例,一个教练员幸免于难,一个教练员从此长眠不醒了,四名学员还没有享受到汽车驾驶带来的快乐就葬送了生命,这是多么沉痛的教训啊!教练车之所以安装了副制动踏板等装置,这就意味着是教练员和学员共同驾驶训练车辆,教练员怎么能在驾驶时睡觉呢?在训练中,如果教练员在睡觉,那就意味着他不把工作当回事,不把安全当回事,不把生命当回事,这样的教练员是否还具备执教的资格呢?汽车驾驶教练员的工作,不仅是一个体力活,也是一个精力活,在工作期间要始终精力集中,因此驾校除了要给教练员提供必要的午休场所外,还要不定时间、不定点地检查训练安全,坚决杜绝疲劳执教。

3. 执教不当、处置不当

案例五

2007年5月,徐州市某驾校教练员带学员在指定的公路上试驾,学员被教练员一声"呵斥",一个紧急制动,手忙脚乱地把车停在了"线外"非机动车道上,与同向驾驶的电动三轮车,发生追尾碰撞,乘车老人赵某当即被撞伤。经救治,赵某虽脱离了生命危险,却成了高位截瘫,生活不能自理。2007年11月,赵某将教练员和驾校一起诉至法院,要求法院判其赔偿交通事故各项经济损失42万元。

案例六

2012年3月25日上午,蚌埠市区内一所驾校的训练场地上发生一幕惨剧:一名女学员在学习坡道起步中发生意外,不幸身亡。

据事发驾校的负责人介绍,25日上午8点50分许,该驾校学员裴某某在学习上坡起步时,由于没拉驻车制动,又急于下车,被安全带绊住,车辆迅速下滑,将其拖下坡道,对其身体造成了挤压伤害。由于当时在进行分组训练,教练员在车下组织其他学员学习。发生意外后,驾校人员第一时间将裴某某送往附近医院进行抢救,但裴某某因胸部受严重挤压不幸身亡。

这是两个特殊甚至是意想不到的事故,但都存在执教不当、处置不当的问题。案例五是批评方式不当,批评学员不能连续批评,不能把批评升级到呵斥、训斥的程度,更不能不分场合、不看环境、不顾学员感受地任意批评,一声呵斥成了压死骆驼的最后一根稻草。案例六有诸多处置不当,教练员应该坐在副驾驶座上,车没停稳时学员不应该下车,不摘安全带不应该下车……凡事预则立,不预则废,防火胜于救火,防病胜于治病。这两起事故的教训再次告诉我们没有培训好的员工是最大的成本,防止事故就要不断地培训员工,制定措施,检查落实。

4. 车辆和训练场地管理混乱

案例七

据《江南都市报》报道:2011年7月7日19时30分许,瑞昌市东方驾校位于瑞昌市一中校内的训练场发生一起重大交通事故,该驾校学员董某单独驾驶牌照为"赣G1265学"的教练车,在行驶过程中为避让前方停放车辆,撞上了正在训练场边玩耍的幼童彭某,后又与行人王某发生碰撞,造成彭某死亡和王某受伤及车辆受损。事故发生时,负责培训该学员的教练员已经下班,并不在训练场内,更没有按照规定跟随在驾驶室内。

据了解,肇事者董某今年46岁,幼童彭某今年3岁,他的亲戚住在瑞昌市一中校内(原为瑞昌三中所在地,后并入瑞昌一中),即东方驾校训练场旁的一栋房子里。事发当日傍晚,彭某看到训练场内车辆基本停止练习,

驾校经营方略 第2版

> 人员基本散去，就到训练场边上玩耍，没想到被董某驾驶的车辆给撞上。
>
> 董某为何能单独驾驶教练车？瑞昌市东方驾校称，平时教练员一般在18时下班，由于13日要考试，因此考试前几天训练时间就拖长了一些。7日18时45分许，教练雷某因为有事外出，就将"赣G1265学"教练车开到门房边上，欲将车钥匙交给门卫。此时，学员董某走到门房外，雷某便把车钥匙交给董某，让他次日转交给另一名教练。没想到，董某私下将车开进训练场练车，并引发了这起死亡事故。警方已提请瑞昌市检察院批准逮捕董某，经过多方协调，瑞昌市东方驾校为死者家属垫付了40万元赔偿款。

教练车什么时间出车、什么时间收车，要有统一的规定，出车收车的程序和注意事项也要有统一的规定，而这些内容还仅仅是教练车管理中的一部分，教练车的钥匙交给门卫就已经不妥，直接交给学员就更加不妥。训练场地是一个危险场所，不能允许外来车辆和人员进入，学员也必须在指定的区域休息和等待训练，也不允许随便走动，这一切都要有严密的措施，并且责任到人。如果训练场像集市一般，人来人往，随随便便，那出事故是必然的。

三、驾校安全体系建设的五个环节

1. 您是否对教练员进行过安全教育

教练员是安全驾驶知识的传播者。随着我国道路交通的发展，新的安全技术、新的安全理念、新的安全法规不断推出，怎样普及到广大驾驶人中去？教练员是一个很好的桥梁；教练员是安全行车的执行者，教练员也是一名驾驶人，指导学员在道路上行车，必须要保证在道路上行车的安全；教练员是安全技能的传授者，安全知识与技能是不能分开的，安全技能需要安全知识，安全知识只有指导技能、用于技能才能变成安全的驾驶行为。因此，教练员要像律师一样精通交通安全法规，模范遵守交通安全法规，主动运用交通安全法规。要达到此目的，驾校要通过多种形式，持续不断地对教练员进行经常性的安全教育，内容包括道路交通法规、典型道路交通事故案例及其预防等。

2．您是否与学员签订过安全培训合同

按照行业管理部门的要求，驾校要与学员签订培训合同，界定好双方的权利义务，安全的约定是培训合同的重要组成部分。但目前阶段，还有很多驾校没有与学员签订培训合同，这不仅会在出现训练事故后产生纠纷，不利于对驾校和教练员的保护，更重要的是没有履行好对学员安全训练中的告知义务，没有让学员清晰地知道，哪些事不能干，干了会出现什么后果。日本的驾校在这方面做得很到位，值得我们学习。日本的驾校在入学登记表的背后都有一份"誓约书"，就是保证书，除了个别服务上的条款外，大部分都是安全上的内容，诸如：学员要遵守驾校的规则，服从教练员的指示；故意或由于重大过失导致人员或车辆及其他物品、设施的损失，由本人赔偿；技能练习中，由于不遵守交通法规，不按照教练员指示做，导致自己身体受害或物品受损，不向学校索赔等。

3．您是否制定过安全训练管理规定

许多新建的驾校，还有许多处在成长期的驾校往往没有安全训练管理规定，或者有安全训练规定，也是为了应付检查和验收，教练员在训练中由于无章可循，各行其是，自然就埋下了安全隐患。首先，驾校安全训练的管理规定中要有车辆管理的措施，例如：教练车按相关规定进行维护和检测；按规定对教练车进行报废和更新，报废车辆和社会车辆不得用作培训教练车；

驾校经营方略 第 2 版

教练车上的副制动踏板、副加速踏板、副后视镜、副离合器踏板要齐全有效；每台车配备一个灭火器，要定期检查和更新；教练车辆只能用于教学，不能挪作他用；晚上收车后，必须按指定位置停放，关好车门车窗，钥匙必须及时交到办公室统一保管等。其次，驾校安全训练的管理规定中要有对教练员的要求，例如：教练员必须坚守岗位，随车指导，不得擅自离岗；教练员在训练中不准吸烟、接打电话，不得收听音乐或广播；教练员不得酒后执教等。第三，驾校安全训练的管理规定中要有对学员的要求，例如：学员必须听从教练员的指挥，不允许随便走动，不允许私自动车；学员在训练期间不允许穿高跟鞋、松糕鞋、拖鞋，不允许戴尼龙手套等。第四，驾校安全训练的管理规定中还要有训练方面的规定，例如：训练中要遵守道路交通安全法规，保证训练安全；在校园内行驶车速不得高于 20 千米/时，路训时不准超过 60 千米/时；停车换人时，教练员必须观察右侧前后交通情况，提醒学员养成观察的习惯；训练期间每台车选一名学员为本车安全员，协助教练员做好安全工作等。

4．您的安全训练管理规定是否落实了

安全训练管理制度制定容易，落实难，这是每个驾校管理者共同面对的难题。落实安全训练管理规定要有"三铁精神"，那就是：铁的手段，铁石心肠，铁面无私。东莞车友驾驶培训有限责任公司 2009 年制定了详细的安全训练管理规定，出台后，教练员们普遍认为条条框框太多，规定得太细，太严，很难执行。军人出身的总经理赵守成在大会上说："我宁可听严抓安全的骂声，也绝不听出了事故后的哭声。"之后他以军人作风、"三铁精神"落实安全训练管理规定。几年下来，东莞车友驾校由当年 13% 的百车责任事故率，降到 1.7%。镇江威达驾校的食堂前竖着一块醒目的牌子，上面写着"饭要天天吃，安全要天天讲"。他们认为其他工作可以缓一缓、放一放，安全工作刻不容缓，因此他们开会必讲安全，检查工作不漏安全，现在镇江威达驾校的安全训练管理规定已有了"高压线效应"。

5．您是否有交通事故应急处理预案

安全工作要以预防为主，把事故消灭在萌芽状态是上策，交通事故应急处理预案是下策，但也不能没有，万一出现交通事故，有预案就会临阵不慌，相关人员就会及时采取措施，尽量减少损失，防止引起事故连锁反应。应急处理的原则是快速反应，保护生命，保护企业的声誉。应急处理措施应包括以下内容：

1）立即停车，并采取防止事故扩大的正常措施，如果有燃油流出，应注意防火，妥善安置好学员。

2）及时抢救伤员，采取急救措施，并设法尽快将伤员送往附近医院进行抢救。

3）保护事故现场，主要有伤亡人员倒位、血迹、制动痕迹、肇事车辆的停位、车辆碰撞造成的痕迹及其他遗留物。

4）及时向驾校领导、公安机关或者执勤的交通警察报告，听候处理。

5）如实地向公安机关陈述交通事故发生的经过，不得隐瞒事故真相。

6）必要时要留下现场见证人的姓名和联络电话。

7）驾校领导要第一时间与车管所肇事科取得联系，保持及时沟通，配合好事故的处理。

8）驾校领导要及时与新闻媒体取得联系，沟通信息，取得理解，严防事态扩大，防止谣言和虚假信息见诸媒体，从而给驾校的形象造成负面影响。

第七章

营销篇

招生工作是驾校经营管理中的首要工作,俗话说:"家里有粮心不慌",没有生源,再好的设施和队伍都是枉然。随着驾校数量的逐渐增加,随着驾校规模的逐步扩大,驾培市场求大于供的局面终将会改变,"酒好不怕巷子深"已经成为过去。驾校的培训服务套餐如何构建?驾校的招生战役如何布阵?驾校的全员招生如何开展?

驾校经营方略 第2版

第一节
驾校服务套餐构成要素、种类及内容

> 在北京，有这样一家饭店——厉家菜馆，世界各国驻华大使几乎都去过，成龙、周星驰等明星去过，比尔·盖茨也慕名而来。当年，美国总统克林顿访华，点名要去厉家菜馆，并提前3个月预订。美国财政部长鲁宾就餐后，付过菜金，又从包里拿出1美元，写上"谢谢伟大的晚餐"，然后，签好自己的名字，郑重地赠给饭店。
>
> 饭店坐落在一个不起眼的小胡同里，只有几间简陋的平房。厨师是一家人，全是业余的，老爷子厉善鳞是清华大学数学教授，几个儿女，有的是室内设计师，有的是医生，饭店没有菜单，客人来了，不许点菜，厨师做什么，客人就得吃什么，每天只做一桌，限定为晚餐，想吃饭，必须提前预订。十几年后，厉家菜馆终于扩大规模，由每天1桌增加到4桌，其余的照旧，依然只做晚餐，不许点菜。
>
> 厉家菜馆为何这么牛？

> 厉家菜馆的来历，颇具传奇色彩。厉善麟的祖父厉顺庆，在清朝末年担任内务都统，官至二品，总管皇家的衣食住行。按照当时宫里的规矩，慈禧太后的一日三餐，首先由光禄寺设计菜谱，经过两名二品官审查通过，才能交给御膳房。厉顺庆就是负责审查菜谱的官员之一。久而久之，他便对那些菜单记得滚瓜烂熟。清王朝土崩瓦解后，厉顺庆凭记忆写出一本皇家菜谱，一直传到厉善麟手上。
>
> 厉善麟自幼喜爱烹饪，有了祖传菜谱，更是如虎添翼，在他的熏陶下，全家老少都会做一手好菜。20世纪80年代初，在亲友的极力怂恿下，厉善麟在自己家创办了厉家菜馆。
>
> 皇家的背景、独特的经营方式再加上不唯大只唯小的理念，使厉家菜馆长盛不衰。

如果我们像厉家菜馆这样办驾校是否也可以呢？不许点菜——我给你什么服务，你就得接受什么服务，没有选择。厉家这样办菜馆可以，因为他有皇家背景，在大家都追求规模、追求花色品种多样性时，他这种不唯大只唯小，每天只做一桌，不许点菜的做法，独树一帜，反而是符合差异化原则的。如果其他饭店也想像厉家菜馆这样经营，只做一桌饭菜，不管你是穿长袍的，还是穿短褂的，不管你是当官的，还是当兵的，不管你是老板，还是打工者，来到这里一样对待，想吃山珍海味，没有，想吃农家菜，也没有，这样开饭店的肯定不是天才。然而，实际情况是许多驾校在希望各个阶层的人都来学车的同时，给学员呈现的只有一种套餐——河南烩菜或东北乱炖。不管什么菜都放在一个锅里煮，不管是什么样的学员都放在一辆车里训。驾校既是教育部门，也是服务部门。服务在讲求个性化、快捷化的同时，更讲求差异化。可是在大部分驾校，尽管他们训练车辆的档次有差别，教练员的素质有差别，学员的需求也有差别，但是驾校的服务套餐只有一种。在我国,驾培市场还处在一个不太成熟的发展阶段,市场要培育,消费要引导。

有三种因素关系到"服务套餐"的内容与价格。

一、训练车辆因素

许多驾校往往有两种以上的车型,不同的城市和地区有一定的差异,同一城市和地区的不同驾校也有差异。这和投资者的理念、实力有关。驾校先后有过吉普、皮卡、富康、桑塔纳、爱丽舍、捷达和宝来,现在以桑塔纳、捷达居多。不同车型并存时,招生价是一样的,分到吉普和皮卡上的学员就很不情愿,队长和教练员要做很多工作,甚至要诱导,什么要想早上车只有用吉普和皮卡这两种车型练习,练车要从难开始等。但不管如何引导,学员总是有种失落和吃亏的感觉,心理很不平衡。不同车型采用不同的价格既满足了学员的不同需求,也扩大了招生,增加了效益。

二、教练员的因素

教练员可以根据教学年限的长短、服务态度的优劣、合格率的多少、理论水平和教学训练能力的高低以及注意安全、遵章守纪情况,分为见习教练员、教练员和优秀教练员(或高级教练员)三个档次。每个档次有不同的工资标准,不同档次的教练员可以承担不同套餐的服务教学,其收费自然也就有差异,就如同主任医师、副主任医师和主治医师的挂号费有差异一样。

三、教学训练模式因素

"服务套餐"在南方城市，尤其是在深圳种类繁多，有些诸如全包班、快训班、经济班、贵宾班，通过字面还能弄清楚服务的内容特色，有些诸如泊位套餐、迷你自选套餐，就有点云山雾罩，不知所云了。一般而言，经营得比较灵活的驾校都有标准班和商务班两种，部分还有贵宾班。商务班和贵宾班在训练车辆和教练员的选择上，按标准班要求，训练时间长，保证等于和大于教学大纲的训练时间要求；训练人数少，往往是一对一的训练；增值内容多，往往增加专车接送，优先考试，优先开班和约车，拿证后送市内陪驾等内容。

根据以上三个因素和学员的需求，驾校的服务套餐可以有下列种类：从训练时间上分为上午班、下午班、周末班、夜训班；从培训对象上分为学生班、老年班、情侣班；从服务内容上分为普通班、贵宾班；从培训模式上分为常规班、预约班。不同的班有不同的要求、内容和管理模式，同时也要有不同的学员手册与之配套。

在东方时尚驾校，有用宝来车训练的贵宾班：单人单车，全程服务专员，专用训练车辆，根据学员时间安排训练，优先预约各项考试，东、西、北五环路内，南六环内免费接送，免费用餐，免费快递驾照，2012年执行的学车价格为8800元，如果距离远，价格还更贵。外宾班的价格为12500元，据说是用英语教学训练，专对外宾的。东方时尚最便宜的班是用桑塔纳教学的普通计时班，每车三至四人，限定培训时间，周一至周五训练，上车后则不能中断，必须连续三周完成，价格仅为5400元。在东方时尚仅C1班，根据车型的不同，服务内容的不同，套餐就多达11个。中润德驾校是青岛最大的驾校之一,在这里学车"时间由您定、教练由您选、车辆由您挑",服务套餐也很有特色。

第二节
春节后"黄金月"招生的特点及方法

对于农民而言,一年之计在于春,没有春天的播种,就没有秋天的收获。对于驾校而言,一年之计在于"元",即元月,或者是元旦后春节前的这段时间。何出此言?原因就是春节后的招生大战,必须在春节前紧锣密鼓地准备。

办过几年驾校的人都知道,春节过后的第一个月是每年招生的"黄金月"。这一阶段招生工作做好了,可以储备两到三个月的生源,为全年的经营打下良好的基础。"不打无准备之仗,不打无把握之仗。"但是,许多驾校的决策者往往忽视了准备和谋划,在春节过后招生大战来临之际,仓促应战而不是向纵深发展,被动应战而不是主动出击,单一作战而不是立体攻势,其结果是贻误了战机,影响了战果。开门红,就会全年红;一步领先,就会步步领先。因此,要充分提前考虑春节过后以何种服务套餐迎接学员?如何进行立体招生?如何摆脱死缠烂打的价格战,把驾校的竞争引向更高层次?如何打好服务仗、文化仗以拉开与其他驾校的档次?凡此种种,不仅要有成熟的思考,更要落实到位,这样我们才能安心舒心地过年,胸有成竹地迎接黄金月的到来。

基于上述考虑,我认为春节后的招生大战要打好三大战役。

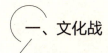

一、文化战

任何经济活动都包含着浓厚的文化内涵。当企业竞争进入强强对抗和持久战的时候,企业文化便成了一项具有决定意义的竞争能力。因此,对于驾校而言,文化战是驾校竞争的最高层次,也是拉开和其他驾校距离的有效措施。文化战无处不在,有常规战,有秘密武器,关键时期也要有杀手锏。结合我以往的驾校管理经营的实践经验,在春节之前就要策划并印好宣传单页和《驾讯》,准备好充足的"炮弹"。

《驾讯》是一个展示驾校软实力的有效载体。学车是一生只有一次的体验,学员的学车经历和感受对不知选择哪所驾校好的准学员有很大的影响。春节期间一定要编辑印刷一份高质量的《驾讯》,对驾校的综合实力进行巧妙的包装,尤其是学员的学车经历和驾校开展工作的报道会让准学员直观感受到驾校的实力,产生"这所驾校最好"的观感,这比在媒体上做广告效果要好得多。《驾讯》也是我们进行全民战、重点战中不可或缺的武器。

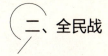

二、全民战

全民参战、全员招生始终是驾校经营战略的一个重要部分,也是一个贯穿全年的工作。一个不会招生的驾校领导,不是一个称职的领导,不管他是分管训练还是后勤;一个不会招生的教练员,不是一个合格的教练员,不管他是老教练员还是新教练员;一个不会招生的员工不是一个好员工,不管他是炊事员还是警卫员。一手抓训练服务，一手抓招生营销，两手都要抓，两手都要硬，是驾校管理经营颠扑不破的原则。一个不知道利用自己的资源进行招生，不把自己的招生资源开发到最大化的驾校校长不是一个聪明的校长，也不是一个有能力的校长。春节前后的全员招生要把握好以下几个环节。

要制订"春节招生竞赛实施方案"。方案中要明确任务，要制订具体目标，要有奖惩措施，要有方法步骤，要有总结讲评。例如，可以搞一个春节给学员发短信的小竞赛，看谁编的内容好，看谁发的数量多。

要给管理人员、教练员和其他相关人员印制名片，发放宣传册，让他们把节假日期间走亲访友的活动变成招生宣传活动，充分利用好节日的空闲，充分利用好关系招生。

三、重点战

所谓重点战，是指要从各部门抽出一批精兵强将，组成一个小分队，就像《林海雪原》奇袭威虎山的那支小分队一样，在招生中进行重点突破。配备充足的弹药——宣传材料，占领三个阵地。

1. 人才招聘阵地

春节后，人力资源部门会组织多场大型的招聘会，成千上万的应届毕业生、农村富余劳动力都会参加，参加招聘的单位会很受组织者的欢迎。我们也可以设立招聘摊位，顺带做招生宣传（提前设计好宣传挂图），把"多储备一种技能，多一份就业机会"传达给应聘者，把驾校的优势、实力展示给求职者，把优惠的条件让利于这些待岗者。人家搭台，我们唱戏，何乐而不为。

2．商场

春节前是各个商场的销售旺季，春节后则是他们的淡季，正是他们学车的最好时机。而从事商业零售的这些人，交往广泛，人脉资源多，是优质学员，也是以后给我们介绍学员最多的群体。要组织小分队分片包干，像扫大街一样，一个阵地、一个阵地地开发。

3．农村市场

目前，在各个驾校学员中打工族所占的比例逐年上升，因此要重视农村市场的开发。这些打工族，往往一年只回来一次，春节是回城高峰，许多是准备学会开车后再走。因此，要把驾校周边的村庄和自己班车能够覆盖的区域，进行逐一开发，要找到切入口，发挥老学员的作用，也可以利用逢集赶会的日子进行宣传，也可以让村里的门市部协助招生。

第三节
"暑假班"招生的特点与方法

2010年高考前，我发现了一个奇怪的现象：相当部分的驾校不再打算组织专门的招生战役，放任自流顺其自然了。究其原因，是在实行了考试名额的限制后，有些驾校出现了或多或少的学员积压现象，驾校管理者认为现有的都考不出去，学员意见大，暑假班就没有必要去争夺了。其实恰恰相反，对于驾校而言，暑假班是万万不可放弃的，理由有二：其一不可让"市"——市场就是商家的领土，领土就要寸土必争，就要捍卫巩固，商家自古就有"让利不让市"之说，学员有这样的服务需求，我们就要千方百计地给予满足；其二不可让"势"——你放弃，别的驾校正好乘势而入，这样你在竞争的气势上就处于了下风，在品牌的塑造上也处于了劣势。守不住"市"，放弃了"势"，此消彼长，用不了几个回合，驾校间的距离就会明显拉大。至于考试名额，这是一个不可回避的问题，但事在人为，在如何处理上有三点建议可以参考：一是内部挖潜"挤"名额。可以通过赠送培训学时等优惠措施动员那些并不太着急拿证的学员推迟到暑期班过后再学，尤其要重点动员怕皮肤晒黑了的女学员推迟学车日程；二是外部联合"争"名额。高考族是一个特殊的群体，是当地的精英，是未来的希望，早学驾照有利于他们未来的工作，我们不能让他们输在起点上。因此，驾校间可以联合起来，争取以"准考证""录取通知书"等证明，向车管所争取增加些名额；三是量出为入"限"名额。我们能挤出多少名额，或者大约能争取多少名额，我们就招多少暑假学员，肚子有多大，就吃多少饭，千万不能贪吃撑坏了自己的胃，要顶住诱惑限量招生，这对自己的信誉和品牌有利，对明年的市场有利。从另一个方面来讲，暑期班的招生，"量"是一个方面，而通过为"高考族"这个特殊群体提供高质量的服务从而提高驾校的知名度和品牌的含金量，则是我们更看重的。

在驾培市场上，按年龄和职业划分，可以把学员分为"存量资源"和"增量资源"两大块。所谓"存量资源"，是指那些早已年满18周岁已经进入社会的公民，以往驾校间的招生大战，主要是针对这一块而言。所谓"增量资源"，是指那些刚刚年满18周岁，已经结束了中学生活，即将升入大学或即将就业的群体。对这一群体的争取，在时间上主要集中在高考前后。对这一群体的争取，可以说是对明天市场的争取。这一群体分老师和学生两类。老师人数不多，但对学生有一定影响。学生根据不同的招生切入点，可以分为城市应届毕业生、农村应届毕业生和在外地上大学回家度假的学生。

三类学生在特点上有相同之处，也有不同之处，在招生的方法内容上有"共同课目"，也有"个别课目"。在招生宣传的内容上要突出两点：其一，这是一生中学车的最佳时期。上大学后假期往往安排社会实践活动，工作后更没有时间来学习。现在学车，大学毕业后就有了4年的安全驾龄，对找工作也是十分有利的。其二，要提前报名，早考理论，才能在新的考试规则内完成培训，在方法上，找好切入点，双管齐下，立体开发。

一年一度的高考，考的是学生也是家长。每年的高考季往往处在一年中最热的时期，而由考生家长组成的陪考大军却要顶着炎炎烈日在考场外面一等就是一天，既辛苦又无聊，而决定应届高中毕业生学车的往往是家长，而不是学生本人，因此做好学生家长的工作是暑假招生的重点。这时我们可以做些什么呢？我们可以将平时接送学员用的班车开到他们中间，冷气开足，然后请他们上车避暑，并提供一些遮阳伞、纯净水等防暑用品。与此同时，我们也就有了充分的时间可以为家长们介绍我们的暑假班，介绍我们的特色服务和学生套餐，教练员也可以和家长互相交换名片，发展自己的潜在学员。

另外，如何巧做广告，引导消费也很重要。在高考过后，面对在家里无所事事的应届毕业生，如果我们用"忙完高考忙驾考""打发时间不如学点本事""口袋多个证，就业有保证""晚学不如早学""高考之后是一生中学车的最佳时机""驾照——父母的奖励"这些广告词吸引学员，肯定会刺激他们的学车欲望。如果能通过新闻媒体进行导向性的报道，效果会更佳。

对暑假班中的学生，一定要单独编班。因为，准大学生、大学生都比较单纯，家长们最担心是他们交友不慎，不愿让他们过早地和社会接触。把学生单独编班，虽是一件小事，但深得家长和学员的赞同。问卷调查表明，接受调查的学生中有93%的认为有必要单独编班。家长们认为，驾校考虑得很细致，让他们很放心。

第四节
全员招生活动的组织与注意事项

一、为什么要搞全员营销与招生

全员营销是一种以市场为中心，以顾客为导向，整合企业资源的手段，是全员参加，保持企业市场份额，增加企业竞争力的营销战略。驾校里适合不适合开展全员营销活动呢？教练员应该不应该有招生任务呢？国内众多校长们分为"应该"和"不应该"两个派别。"不应该派"认为，教练员只要一心一意搞好训练，保证安全，保证培养合格的驾驶人就行，不应该让招生任务分他们的心。而我是"应该派"的代表，而且至今还在四处兜售"应该"的理由。

1. 有利于提高全体员工的服务意识、品牌意识

驾校没有学员便是无米之炊，生源是驾校经营中的第一要务。驾校分配给教练员的学员，教练员往往不把学员当作自己的顾客，因为与学员的情谊不深，且"得来全不费工夫"；自己招来的学员，那是自己"踏破铁鞋"千辛万苦"觅"来的，是自己的"亲人"，情谊肯定只多不少，教练员的负责精神自然也会递增。自己种的菜，自己采摘的果子，吃起来味道都不一样，自己招的学员会更加珍惜。教练员本身就是一个商品，许多学员报名不是冲着这所驾校而来的，而是冲着某个教练员而来的。每个员工如果都打造了自己的岗位品牌，驾校的品牌自然就有了。

2．有利于两条腿走路，保持企业的健康发展

2010年，我担任了南方某中心城市一所驾校的顾问，使我惊奇的是，这所仅有60名教练员的驾校，居然有70名招生人员，而专职招生人员招收一位学员的成本是320元。在一些生产型企业，销售人员多于生产人员，例如制药企业，我理解赞同；但驾校招生人员多于教练员，我则不理解，不赞同。很多驾校迫于招生的压力，使用了一些有才无德的招生专员，最后往往把驾校搞得乌烟瘴气，可谓得不偿失。之后，我对这所驾校采取了全员招生为主、专业招生为辅的策略，将招生队伍削减了90%。拿出专职招生人员一半的费用奖励给员工，员工立足本职工作招生几乎是没有成本的。一正一反，驾校的利润增加了上百万。

3．有利于增加员工的收入

为了促销，商家往往会让利，有的商品打折让利给消费者，有的投入巨额宣传费让利给广告媒体，有的广招代理让利给经销商，这些方法虽然都有效果，但也都有弊端。如果采取低价位定价策略，或者经常搞降价招生活动，会对驾校的品牌产生损害；做广告花费不少，有知名度，无美誉度，无法形成核心竞争力；招生代理虽多，他们多是当作一种副业，很难全身心地投入。因此，就驾校而言，让利最好让给员工。试想一件进价800元，零售价1000元的产品，如果商家只卖800元，顾客不会认为商家不赚钱，这是由买卖关系以及顾客的消费心理所决定的。但是，如果将利润让给员工（导购员），他们自身就会很清楚，并会为了额外的收入卖力向顾客推销产品。驾校招生也是这个道理。利益驱动是调动员工积极性的有效方法，教练员要想提高收入，在提高培训合格率的同时，还要提高招生量。教练员的高收入也是驾校的品牌。

二、全员营销与招生的方法与注意事项

2011年1月，我与石家庄育华驾校签订了顾问合同，根据签订的时间点和驾校四季工作特点，我首先决定帮助育华驾校开展全员营销与招生活动，第一场战役确定为"打好春节后黄金月的招生仗"。2010年，育华驾校全年招生7000人，我们把2011年的招生计划确定为2万人。经过努力，第一季度招生就超过7000人，年终顺利完成了2万人的招生计划。由此，育华驾校被石家庄驾培圈内人士认为是2011年成长最快的驾校。石家庄育华驾校招生出现翻番的原因，除了服务套餐和员工素质的变化外，主要还是得力于全员营销与招生活动扎扎实实地开展。育华驾校的经验和其他地区驾校的实践告诉我们：要组织好全员营销和招生，必须把握好四个环节。

1．必须进行理念灌输

签订合同后的第三天，我们便对育华驾校的全体员工利用晚上的时间，连续三天进行了"服务与招生"培训，让员工清楚为什么要搞全员营销与招生的原因；让员工明确服务就是招生、服务就是广告的道理；让教练员明白自己招收学员数量大于自己的培训数量是给驾校"献血"，自己招收的学员数量远远低于自己的培训数量是驾校给自己"输血"，树立起"献血光荣"的观念。连续的灌输，尤其是带着"光环"的"外来和尚"的培训最终引起了员工的共鸣。

2．必须进行方法讲授

思想通了以后，趁热打铁要解决的就是传授岗位招生的技巧了。于是，

我们重点向育华驾校的员工介绍了"关系招生"和"口碑招生"的具体方法，然后具体辅导员工怎样"列单子"，怎样"梳辫子"，从而迈出主动招生的第一步。

3．必须形成竞争氛围

不合理的考核机制会使员工的招生行为畸形化，难以形成良好的招生环境和氛围，当然，全员招生的效果也难以保证。激励的方法要灵活，既要有压力，又要有吸引力。定期在内部张榜公布各部门和个人招生的进度、名次，在全体员工大会上，当众对招生领先的个人发奖金，都会对提高员工的招生热情起到推动作用。另外，还可以规定：奖励在某某时段内招生量达到某个指标的人到外地旅游，给员工一个明确的目标。其实，旅游的同时还可以参观外地优秀驾校，可谓一举两得。育华驾校当时规定一季度招生超过50人的员工奖励旅游名额一个，超过100人的可以带家属一名，结果在夏季组成了50人到青岛、日照两日游的"育华团"，团队成员中有10多名家属。

4．必须建立约束机制

作为驾校的管理者，在组织全员营销与招生工作中，往往有两个担心：一是怕雷声大雨点小，形式搞得轰轰烈烈，但实际效果欠佳，怕员工发动不起来；二是怕员工真的发动起来后，出现对内的恶性竞争和对外的不良宣传，例如虚假的承诺，私自把自己的招生提成让利给学员，弄虚作假，把别人的学员和自己找上门来的学员说成自己招来的学员等。这些现象就如同体育比赛中的兴奋剂、打假球一样，如不根除就会影响全员营销与招生工作的开展，甚至会葬送这项工作。因此，在开展全员营销与招生工作时一定要制定《公平招生竞赛誓约》，并让每位员工签字，另外还要建立监督机制，并搞好学员的回访，从一开始就坚决杜绝全员营销与招生中的不规则行为。

在全员营销与招生工作中，还有一支不可忽视的重要力量，那就是教练员的"贤内助",我们也可以把这些"贤内助"称之为"编外员工"。教练员在训练时要全神贯注,不得分心,因此许多驾校规定教练员在训练期间要关闭手机,这是安全的需要,但肯定会对招生工作造成一定的影响。许多教练员的"贤内助"都没有工作,她们有能力、有热情做好招生工作。因此,可以把这些"编外员工"组织起来,到驾校参观,驾校领导在向她们汇报工作表达感谢之后,可以找有关职能人员介绍下学车流程、报名须知等知识,启发她们当好教练员的招生助理。许多全员营销与招生做得好的驾校,这支"编外员工"队伍的招生数量也是很可观的。

第八章

文化篇

企业通常有这么一个发展规律：一年获利靠机遇，三年不败靠领导，五年成功靠制度，百年老店靠文化。驾培市场进入社会化办学以后，跑得快的驾校已经进入文化管理的阶段，成了品牌驾校；跑在中间的已进入了制度管理的阶段，跑得慢的还停留在人管人的阶段。大量的还在摸着石头过河的驾校，如何打造自己的核心竞争力？驾校企业文化有哪些不同于其他行业的特点？如何构建？国内优秀驾校在构建自己的企业文化方面有哪些成功的经验？

第一节
企业文化的内涵

企业文化是什么？从20世纪70年代起，企业文化一直是企业管理研究领域中的一个重要主题。对于"企业文化"这个概念，不同的管理者给出了180多种不同的定义，目前为止还未能形成一个统一的概念。定义的不一致，造成了对企业文化内涵、作用和管理方法的认识不一致。站在企业管理实践者的角度，我们比较认同下面这个定义：

企业文化是企业在经营实践过程中，由企业管理者倡导的、在大部分员工中逐渐形成的共同的价值观念、行为模式、感觉氛围、企业形象的总和。企业文化的建设需要满足与战略系统相匹配的要求和与组织能力系统相匹配的要求。在这个定义中，企业文化包含了四个层面的内涵：

1）共同的价值观念——是企业决策者主导和倡导的，支撑企业发展的使命、宗旨、核心价值观、战略愿景等一系列价值观念、价值主张。共同的价值理念决定着企业的发展方向，支撑着企业的发展目标，是全体员工共同努力的目标指引。这些价值理念是在企业发展过程中、在不断适应内外部挑战的过程中逐渐形成并为企业大部分员工一致认同的努力目标；同时，这些深入人心的理念体系也是企业转型变革过程中引发一系列问题的深层原因所在。

2）共同的行为模式——包括由共同的行为意识、行为能力、行为实践构成的行为习惯和相应的行为结果。共同的价值观为企业发展的远景目标提供了一个共同努力的方向指引，但是价值观、价值主张的实现是通过员工的具体行为模式来体现的，正是由于全体员工多年形成的行为习惯、支撑组织生存发展的行为结果，才形成全体员工认同并习以为常的心智模式，才使得企业文化得到真正的体现、固化和延续，成为支撑企业生存的组织凝聚力。同时，员工的行为习惯、心智模式，在保证企业文化代代相传的同时，导致了文化转型的阻力。

需要特别注意的是，对于拥有共同价值理念的企业，如果所处地域不同、行业不同、服务领域不同，甚至职能范围不同，由于组织内部处理问题、解决问题、获得结果的规律是不同的，是有其特殊性的，为了达成目标需要大家采取的有效行为方式也是不同的。因此，即使遵照统一的价值理念，由于环境条件不同，文化表现的行为模式也是不完全相同的。

3）共同的感觉氛围——是组织群体共同的心理契约，形成的大家习惯的感觉氛围，这个氛围也是我们通常讲到的文化氛围。共同的价值观念和行为模式，在带来支撑企业发展目标的有效行为的同时，也使得企业内部的员工之间建立起共同的思维习惯、交流习惯、工作习惯，甚至是生活习惯，形成大家舒适的、喜欢的感觉。

与价值观和行为模式相比，文化氛围是可以感受得到的。从表面来看，是这个直接感受得到的文化氛围对企业的运行方式产生着影响。因此，在建设企业文化、转变企业文化时，我们比较容易将对企业文化的关注集中在对文化氛围的关注上，转变企业文化的工作也会集中在对文化氛围的改变上。但是从本质上，我们比较容易忽略一个关键问题——文化的感觉氛围是企业价值理念和行为模式带来的结果，文化氛围的管理和改变需要从价值理念和行为模式来入手。

4）外在的企业形象——是外部利益相关者对企业的感受和认识。在共同的价值观、行为模式和文化氛围的作用下，企业的组织特征也会以其特定的企业形象向外部展示，向企业的客户、供应商、其他利益相关者展示。作为企业文化的重要组成部分，企业形象也是市场营销、公共关系部门和专业机构关注的内容。但是，一个不容忽视的实质问题——企业形象同样是企业的价值理念、企业员工行为模式的结果和表现，是员工共同感觉氛围的外在延伸。企业形象需要用专业系统的方法建设和管理，但是不可能通过营造、包装的方法改变其实质，企业形象的基础和支撑还是企业价值理念和员工行为模式。

笼统的概念很难给人留下记忆，下面这"三个一"会加深大家对企业文化含义的整体理解。

一、一条深刻的管理谚语——人管人治死人，制度管人困死人，文化管人管灵魂

企业管理有三个阶段：初级阶段"人管人"，中级阶段"制度管人"，高级阶段"文化管人"。在双星集团，谈及企业成功，双星总裁汪海说："我就是管人，管人是高科技中的高科技。一个企业成功靠的是'三分技术，七分管理'。管人最重要的是文化管理，人管人累死人，文化管人管灵魂，文化管理是最高层次的管理，是最顶尖的管理。"人、制度、文化是一个什么相

互作用的关系呢？制度规范行为，行为形成习惯，习惯培育传统，传统积淀文化，文化润泽制度。有个教育专家的"90"法则说：教育的90%是内省，成功的90%是坚持，经营的90%是人心，资源的90%是整合，管理的90%是激励，品牌的90%是文化。

二、一句通俗的文化定义——企业核心竞争力具有"偷不去，买不来，拆不开，带不走，溜不掉"的特点

这是北京大学光华管理学院教授张维迎博士对企业核心竞争力下的定义。企业核心竞争力是靠什么构建的呢？文化，也只有文化。

偷不去，是指别人模仿你很困难，这一优势依赖于法律、产权制度的健全。买不来，是指这些资源不能从市场上获得。通常，人们认为人才是企业的核心竞争力，但这是以人才不能流动为前提的。因为，你可以高薪诚聘，别人就可以以更高的价格把你的人才挖走。因此，单个的人才不能算作核心竞争力。拆不开，是指企业的资源、能力有互补性，分开就不值钱，合起来才值钱。例如鞋子，左鞋和右鞋具有互补性，别人拿走一只是没有用的，所以你看好一只鞋子就行了。中国企业大多拥有替代性知识，导致人才因在你的企业创造的价值等同于在别的企业创造的价值而随意跳槽。带不走，是指资源的组织性。个人的技术和才能可以带走，因此拥有身价高的人才也不意味着有核心竞争力。整合企业所有资源形成的竞争力，才是企业的核心竞争力。溜不掉，是指提高企业的持久竞争力。今天拆不开、偷不走的资源，明天就可能被拆开、偷走，所以企业家真正的工作不是管理，而是不断创造新的竞争力。

三、一个著名的演讲"亮剑精神"——军魂是怎样形成的

> 古代剑客们在与对手狭路相逢时,无论对手有多么强大,就算对方是天下第一剑客,明知不敌,也要亮出自己的宝剑,即使倒在对手的剑下,也虽败犹荣,这就是亮剑精神。
>
> 事实证明,一支具有优良传统的部队,往往具有培养英雄的土壤。英雄或优秀军人的出现,往往是由集体形式出现的,而不是由个体形式出现的。理由很简单,他们受到同样传统的影响,养成了同样的性格和气质。例如,第二次世界大战时,苏联空军第十六航空团P39飞蛇战斗机大队,竟产生了20名获得苏联英雄称号的王牌飞行员。与此同时,苏联空军某部施乌德飞行中队,产生了21名夺得苏联英雄称号的模范飞行员。任何一支部队都有自己的传统,传统是什么?传统是一种性格,是一种气质。这种传统和性格,是由这支部队组建时首任军事首长的性格和气质决定的,他给这支部队注入了灵魂。从此,不管岁月流失,人员更迭,这支部队灵魂永在。
>
> 我们进行了22年的武装斗争,从弱小逐渐走向强大,我们靠的是什么?我们靠的就是这种军魂,我们靠的就是我们军队广大指战员的战斗意志,纵然是敌众我寡,纵然是身陷重围,但是我们敢于亮剑,我们敢于战斗到最后一个人。一句话,狭路相逢勇者胜,亮剑精神就是我们这支军队的军魂。剑锋所指,所向披靡!

军魂就是企业精神,这是部队和企业所向披靡、攻城略地的法宝。企业的设备在竞争中是重要的,但最终决定企业竞争力的还是人。

首任军事首长的性格和气质给部队注入了灵魂,同样,企业的创始人对

企业精神所产生的影响也是巨大的。"没有张瑞敏就没有海尔","没有柳传志就没有联想",这样的字眼在大众媒体上频频出现。企业文化就是老板(企业家)文化,成为一种颇为流行的说法。有人曾经打了这么一个比喻,一只老虎率领一群绵羊,可以打败由一只绵羊率领的一群老虎。同理,在市场经济条件下,由一位优秀老板率领的一群普通员工,也完全可以打败被一位平庸的领导者率领的一群优秀员工。企业文化是不是就等同于老板文化?对此,学术界颇有争议,但企业家总是处于企业核心的地位,这决定了其个人意志、精神、道德和风格等文化因素在企业中备受瞩目,更易于得到员工的广泛认同和传播,并形成自觉追随,以至于企业的最高目标和宗旨、企业价值观、企业的作风和传统习惯、行为规范和规章制度都深深地打上了企业家的个人烙印。从这一点上来认识,企业创始人的作用与一支部队的首任军事长官的作用是相同的。由此可见,一个称职的管理者,不一定是一个文化人,但他一定要懂文化。

亮剑精神是一种团结的力量。历史证明,英雄往往以集体的形式出现。一个优秀的集体,应该具有培养英才的土壤。企业文化是什么?它是一种氛围、一种环境、一种气候、一个磁场、一种势。虽然它看不见、摸不着,却无处不在,并时时刻刻影响着这个团队。

第二节

驾培行业企业文化的构成要素

一、驾培行业是教育行业,因此要有教育行业文化的特点

爱是教育的永恒主题,苏联教育家马卡连柯说过:"爱是教育的基础,

驾校经营方略 第2版

没有爱就没有教育。"教师的责任大于天，选择了教师就是选择了崇高。每一位教师都要把教育当作事业来追求。只有这样，才会产生大爱的情怀，才能成为让学生满意、让学生终身受益的好教师。"爱"是要让学生"亲其师而信其道"。爱让教师走进学生的心里，也让学生爱教师、信教师、学教师。只有师生情感互通，学生才能"亲其师而信其道"，教育才能通情达理，教师才能真正成为学生成长的引路人。机动车驾驶教练员是学员安全驾驶的引路人，爱学员不仅是对事业的热爱，也是对生命的热爱。

创办驾校，不同的人有不同的动机，有的人是为了责任，有的人是为了事业，更多的人是为了利润。然而，长春汇通驾校的校长王志霞办驾校是出于爱心。王志霞原为长春市第一毛纺织厂的团委书记，后来因企业停产而下岗，为了另外35名下岗职工的生计，王志霞挑头办起了驾校。2011年9月，中国道路运输协会在武汉召开"全国文明诚信优质服务驾校创建活动经验交流会议"上，王建霞做了典型发言：

> 记得那还是1998年，党支部成立后，决定要做的第一件事，就是开展"扶贫帮困献爱心"活动，成立扶贫帮困小组，每个小组有两名党员和一名积极分子，负责承包一个贫困户。我们还决定：要把扶贫帮困作为一项长期工程来做，员工们每月自发捐款，并把这笔款项起名为扶贫帮困基金，专款专用，用这些钱专门帮助困难的员工和社会上需要帮助的人。我们还专门成立了扶贫办公室，每到员工发工资时，同时也给困难户送去生活补助金。
>
> 这项扶贫帮困活动，成了我们汇通人的光荣传统。许多新员工加入汇通这个集体后，也都自觉加入到这一行动中来。"扶贫帮困基金"这项工作，至今已经坚持14年。
>
> 我们帮助的特困户有一个老人叫王太贤，他去世的时候，我们的员

工像亲生儿女一样为他料理后事。我和班子其他同志一起给王师傅选骨灰盒，老人家的骨灰是我亲手给装进去的。这个家庭，十多年来我们一直关心。前些天，我们党委的几名同志，又去他家里看望了其九十多岁的老伴，并送去了2000元慰问金。

我们帮扶的特困户中有一个人叫王庆山。前些年，他儿子考上了吉林大学化学系，4000多元的学费，让一家人犯了难。我们知道后，马上送去了学费。多年来，我们一直在关心和资助这个孩子。这孩子还真争气，大学毕业后考上了研究生，后来又考上了博士。

我们有个学员在练车的时候不合群，原以为他性格内向，后来才知道他是一个两劳释放人员。他家生活困难，考证的钱全是借的。知道他的情况后，学校党委决定给他返还全部学费，还派党员教练教他，一边教一边谈心，使他增强了自信心。后来，听说他要结婚了，全校员工还凑钱给他买了一台彩电。结婚那天，我们很多员工都参加了婚礼，婚礼的车队都是学校给张罗的，我还给他当了证婚人。事后，他对我们说："汇通不仅教会了我把好汽车的方向盘，还帮我把好了今后人生的方向盘。"

2010年，公安部111号令发布后，残障人士满足一定条件可报名考驾照，当时300多名残障人士来校报名。党委立即召开会议，大家一致认为：汇通是全国文明驾校，是省内驾培行业的龙头企业，残障人士是最弱势的群体，帮助他们实现梦想是我们义不容辞的责任。虽然我们会面临很多困难，但我们必须承担起这份社会责任。

开学典礼那天，学校艺术团为残障人士举办了慰问演出；就餐时，员工们把饭菜端到每位残障人士的面前；休息时，组织残障人士学唱歌，唱"我和你，心连心"，教育和引导残障人士要感恩社会，团结友爱。

为了让残障人士尽快学会驾驶技术，学校专门抽调优秀教练员负责他们的培训。练车和考试的时候，教练员还要帮助很多坐轮椅的学员上下车。许多残障人士都被汇通员工的这种爱心所感动，他们说："汇通员工个个都是好样的，能在汇通学车，是我们的福气。我们在汇通不仅学会了驾车，还学会了做人。"这些残障人士毕业后，特地向学校赠送了一块匾，"帮残障办驾照，大恩不言谢；嘘寒暖事必躬，真爱在汇通"。

十多年来，汇通从创业的第一天起，就不忘作为一个民营企业为社会和谐稳定应尽的义务。在办学中，学校制订了对下岗职工、特贫家庭和两劳释放人员减免报考费用的优惠政策，这些年为减免学习费用，对社会扶贫帮困捐款，为长春民生工作捐款，为抗洪抢险、抗震救灾捐款共计170多万元。十几年来，我们坚持为每一名学员都开具发票，累计为国家缴税2000多万元，被评为长春市纳税信用A级企业。学校先后安置下岗职工就业500多人，通过培训使20多万下岗职工和进城务工的农民工在这里掌握了驾驶技术，重新走上了就业岗位。

如今，长春汇通驾校已成为中国驾培行业的一面旗帜，而《爱的奉献》始终是汇通驾校前进中的主旋律。广东肇庆鸿景驾校校训：千教万教教人求真，千学万学学做真人；江西省崇义县路路通驾校大门上的对联：耐心教用心学教学相长，成就你造就我你我共进；陕西省西安市秦安驾校要求每位教练员，都要成为学员生活的顾问、人生的教练、成功的导师、永远的朋友。这些驾校的企业文化内容，从不同角度体现了教育理念在驾培行业的应用。他们的探索与实践，都给了我们有益的启发。

二、驾培行业是商业性服务行业，因此要有服务行业的文化特点

提到服务业，大家很容易想到餐饮、交通运输、金融、旅游等行业。但这远不是服务业的全部。根据服务目的及服务主体的不同，服务业有服务产业和服务事业之分，按照《全国第三产业普查行业分类及代码》，服务业（第三产业）包括三大类：①为促进生产和提升居民生活而服务的行业或部门（包括农林牧渔服务业、交通运输业、仓储业、餐饮业、金融业等）；②为提高科学文化水平和居民素质而服务的行业或部门（包括体育、卫生、社会福利、教育、文化艺术、科学研究等）；③为管理国家和社会而服务的部门（包括国家党政机关、军队和武装警察部队、社会团体等）。以增值为目的提供服务产品的生产部门和企业集合叫服务产业，以满足社会公共需要为目的提供服务产品的政府行为集合叫服务事业。在我们当前的意识里，普遍认同以各企业为主体的服务产业的服务业身份，但对于以政府为主体的服务事业，似乎并没有多少人意识到它们也是"服务业"这一大家族中的重要一员。

现代服务业是指那些不生产商品和货物，只提供技术、指导、服务的产业，笼统地说就是除了农业和工业以外的产业。现代对服务业的分类是将其分为生活服务业、生产服务业与营销服务业。生活服务业属于消费领域，其发展可以体现为人民的生活水平、生活质量、生活内容的改善和充实；教育培训是其中之一。

所谓服务行业的企业文化，通俗地说，就是以服务为导向、以顾客为中心的服务文化。服务可以把商人分为三等：一等商人是自主的、主动的、积极的、负责任的服务者；二等商人是被动的、消极的服务者，只知道迎合顾

客的需求;三等商人则是顾客的对立者,唯利是图。无商不奸,产生这句话的背景是商品经济极不发达的小农经济时代,而在商品经济高度发达、市场竞争残酷无情的今天,最能培养诚信文化的职业,莫过于商业。人无诚信不立,业无诚信不兴,国无诚信不强。诚信的基本含义是守诺、践约、无欺。

> 走进东方时尚驾校,人们看到和听到最多的就是著名的八个大字:"让每位学员都满意"。这是东方时尚驾校的名片和服务宗旨,更是他们制胜的法宝。如今已成为东方时尚宝贵的无形资产和金字招牌。围绕着让每位学员都满意的工作标准和追求,东方时尚形成了校领导服务于中层干部,中层干部服务于全体员工,广大员工服务于广大学员的三级服务链。驾校的一切工作都围绕着"让每位学员都满意"去考虑去运转。在办学过程中,他们不断教育全体员工树立和强化为每位学员服务的意识,并把这种服务意识贯穿于各个部门的工作中。他们与时俱进地提出了"我们的服务与您的需求同步",为学员提供全方位、多层次、多元化、个性化的服务,做到了让每位学员领略花园般的环境,感受酒店式的享受,"让每位学员都满意"的经营理念不断得到拓展和延伸。在东方时尚,老年学员、残障学员都得到了细致入微的服务。安心伞,擦鞋机,电子保管箱等人性化服务,为学员提供尽可能多的方便。值班校长和首问负责制度是校方与学员之间的绿色通道和沟通纽带。学员如果对教学训练和服务不满意,可以直接投诉到值班校长处,三日内就会得到校方调查处理的结果反馈。在驾校行业为教清廉还存在诸多问题,侵害学员利益的现象时有发生的社会大背景下,东方时尚要求全体员工"不吸学员一支烟",从思想、制度、管理等多方面,实实在在地维护了学员的利益。

下面这些驾校的核心价值观、企业精神、标语口号从不同的角度体现了服务文化,并成为他们持续发展的支撑。

江苏南京狮麟驾校：温馨的电话服务，热情的接待服务，阳光的论坛服务，关怀的回访服务。

湖南张家界锦程驾校治校的四项原则：文明必行、服务必优、诚信必诺、践诺必果。服务理念：学员咨询百答不厌，训练操作百练不烦，决不歧视一个学员，决不遗漏一个细节，决不索拿一点财物，决不乱收一分费用。

江西南昌蓝天驾校：心诚色温，气和辞婉，必能动人；让学员在报名之前，了解蓝天的服务；在学习之中，体验蓝天的服务；毕业之后，夸赞蓝天的服务。

河南新乡新大驾校：先学员之忧而忧，后学员之乐而乐。

浙江钱王驾校：优质、廉政、快捷、方便。

合肥新亚驾校：尔为贵，乐为君，专为尔服务。

青岛运通驾校：学员的赞赏是我们的骄傲，学员的批评是我们的动力，学员的满意是我们的追求。

石家庄利安驾校：利人者安。让智者不祸，让学者无忧。

三、驾培行业是危险行业，要纪律严明有军队的特点

当今世界管理最有效的组织是部队。部队的战斗力来自纪律，巴顿是这样诠释纪律的："纪律是保持部队战斗力的重要因素，也是士兵们发挥最大潜力的关键。""纪律只有一种，这就是完善的纪律。假如你不执行和维护纪律，你就是潜在的杀人犯。"西点军校52届毕业生，国际电话电报公司总裁兰德·艾拉斯特认为："军人的第一件事情就是学会服从，整体的巨大力量来自于个体的服从精神。在公司中，我们更需要这种服从精神，上层的意识通过下属的服从很快会变成一股强大的执行力。"从新学员在西点军校

门口走下公共汽车那一刻起,他便告别平民生活的"友好世界",准备服从无数的命令。

著名的信用担保公司盛达贤集团是这样诠释纪律的:"公司职员必须遵守公司纪律,就像一个球员必须遵守比赛规则一样,犯规是要受罚的,轻者黄牌、重者红牌。公司是一部现代化机器,它必须按照一定的规则运行,任何一位员工都必须遵守这个规则。守时是纪律中最原始的一种,无论上下班、开会,都必须准时。守时既是信誉的礼节,也是优秀业务员必备的良好习惯。投入也是纪律,上班的每一分钟都必须投入你的工作,散漫、聊天、旷工都是公司不容许的。如果你觉得工作不饱满,请向你的上级报告,公司会为你营造富有创造性的工作环境。团结就是纪律,破坏团结就是破坏纪律。每名员工必须拥护公司的名誉,任何对公司名誉有损的行为将视为违反纪律。"

服从是纪律的开始,纪律是胜利的保障。驾培行业是一个危险行业,不服从、不遵守交通法规,必然会导致事故。而作为安全驾驶引路人的机动车驾驶教练员,不仅要做遵守交通法规的模范,还要通过自己身体力行的示范效应引导学员增强安全意识,遵守交通法规。因此,驾校的企业文化要把纪律因素与安全因素有机结合起来,像西点军校那样,使安全驾驶的各种规定、纪律具有刚性;像盛达贤集团那样,把守时、投入、团结都上升到纪律的高度。

纪律严明是许多品牌驾校区别于其他驾校的显著标志,有的驾校制订的着装规定比部队还要严格,要求教练员不能有头皮屑,口腔不能有异味,指甲不能有泥垢,夏天也要打领带、戴白手套等。有的驾校对教练员的站、坐、行、练都有严格的规定:训练时不准打手机,不准吸烟;练桩时,教练员只能在副驾驶、随车指导和2、5杆的延长线三个地方;开会时不准开手机,会后必须把座椅归位,每天都要擦洗车辆,而且不允许学员帮忙等。严明的纪律使得这些驾校不仅管理有序、有较好的执行力，而且有效地减少或避免了交通事故的发生。

第三节
驾校企业文化构建的方法与步骤

猴子和香蕉

把五只猴子关在一个笼子里，笼子顶上挂一串香蕉，只要有猴子试图摘香蕉，实验人员就用冷水去喷猴子。猴子都喜欢吃香蕉，因此几乎所有的猴子都试图去摘香蕉，但是无一例外地都会被高压笼头喷出的水淋得浑身湿透。有只猴子不死心，又试了一次，结果还是一样，当它第三次想去摘香蕉时，出现了一个现象——其余4只猴子把它拽下来一顿暴揍。过了一段时间后，似乎所有的猴子都明白了这个"道理"——只要试图摘香蕉就会被水淋，于是没有任何一只猴子去摘挂在笼子顶上的香蕉，尽管它们都非常喜欢吃香蕉。后来，试验人员用一只新猴子（简称A猴子）换出原来的一只猴子，这只A猴子看到笼子顶上的香蕉，也和原来的猴子刚开始一样试图去摘。这时，所有原来的猴子都不约而同地冲上去把这只A猴子暴打一顿，以后只要这只A猴子想去摘，就会遭到其他猴子的暴打。如此经过一段时间，A猴子也和原来的猴子一样放弃了摘香蕉的企图。试验人员又用另一只新猴子（简称B猴子）换出另一只原来的猴子，发生的情况与A猴子刚进来时一样，只要B猴子试图摘香蕉就会遭到暴打，而且A猴子打得最重。就这样，经过很长一段时间后，原来的猴子都被换出去了，笼子里的猴子已经更换了几个轮回，喷水也早就取消了，但只要有新进来

> 的猴子试图去摘香蕉,都会遭到其他猴子的暴打。至于为什么会遭到暴打,没有一个猴子知道原因,但每个猴子都很自觉地养成了这样的习惯。

我们要感谢从事这个实验的动物学家,我们不知道他们当初的实验动机是什么,但可以肯定,不是为了验证一种管理思想,但有心栽花花不开,无心插柳柳成荫,这个实验使企业文化由模糊到清晰,由笼统到直观,由不知道如何操作到有了一定的方法步骤,这个实验在企业文化的构建上给我们下列启发:

第一,任何一种企业文化都离不开核心价值观,都要树立一个中心理念,也就是我们要贯彻什么？执行什么？要干什么？在该实验中,整体设计的要求是"不能碰香蕉",这就是核心的理念,如果违反这个要求,将会受到相应的惩罚。

第二,有了核心理念后,我们如何贯彻落实这个核心理念。该实验有奖罚措施,只要有猴子碰到香蕉,全体猴子都会受到被淋水的惩处；要形成共识,所有的猴子不仅明白香蕉不能碰,而且都认可,自己不能碰香蕉,其他猴子也不能碰香蕉,一旦有猴子想去碰香蕉,任何一只猴子都会主动伙同其他猴子去打碰香蕉的猴子；要有传承机制,老猴子要对新猴子进行培训教育,进行传帮带,自觉地做"香蕉不能碰"这一文化的护卫者、传承者。当更换了所有的老猴子后,新猴子都能自动自发维持着"不能碰香蕉"的文化,文化得到传承。

一、企业文化的确立

企业文化是在特定的时空概念下,由不同的人形成的,具有很大的差异性,晋商的企业文化与浙商的企业文化有着很大的区别,美国的企业文化与日本的企业文化有着巨大的差异，计划经济下的企业文化与市场经济下的企业文化也有着明显的不同。因此，搞好调查研究，做好文化定位是一件细致而艰苦的工作。在企业文化形成的调查研究中，要把握好"六个点"。

1．行业特殊点

就驾培行业而言，就是上一节中分析的：驾培行业是教育行业，因此要有教育行业文化的特点；驾培行业是商业性服务行业，因此要有服务行业的文化特点；驾培行业是危险行业，要纪律严明，有军队的特点。

2．地域文化点

不同区域的文化哺育出不同的商帮文化，体现出不同的商帮特点。在礼仪之邦、水浒之乡孕育出来的鲁商具有守诺言、讲诚信、能吃苦的特点；得天地之灵秀，有着深厚文化底蕴的徽商有着好儒重学、好仕重官、好善重捐的特点；而浙商又有着与鲁商、徽商不同的特点：能吃苦、敢冒险、会做人、动作快、善抱团。这些特点经历了几百年的传承，对现代企业文化构建仍然产生着影响。

山西晋城轩达驾校地处晋东南，靠近皇城相府，创办人邱向东深受晋商文化的影响。2009年10月，我担任了这所驾校的管理顾问，经过三个月的调研，与这所驾校的经营管理者们一起提炼出了具有晋商传统的企业文化：

企业核心价值观：自信、自律、自强。

主导标语口号：传承晋商老传统，开创轩达新未来。

晋商的传统——诚信天下，严以律己，自强不息，敢为人先。

轩达的未来——示范驾校，明星驾校，连锁品牌，连锁产业。

自信——企业的诚信：真心对待学员，真诚对待员工。价格：统一标准，一次收费，老少无欺，明码标价。教学：四人一车，学时不少，养成训练，素质培训。员工的诚信：真心对待学员，真诚对待企业，就业就要敬业，上岗就要爱岗，安心就要尽心，在职就要尽职。

自律——企业的自律：不带头打价格战，不允许黑车挂靠。员工的自律：常修为师之德，常思学员之需，常怀律己之心。吃拿卡要莫入此门，粗暴教学另寻他路。

自强——企业的自强：人无我有，人有我优，人优我新。不管是一小步，还是一大步，始终引领市场新脚步。员工的自强：重责任，善服务，精教学，会营销。每人前进一小步，轩达前进一大步。

3．历史闪光点

许多驾校校长在建校之初已经在其他行业取得了一定的成功，也形成了自己管理经营的风格，这些风格会不自觉地带到新的企业来。如果这个历史闪光点既适合驾培这个行业，又能形成自己的差异化经营，那么这个历史闪光点很有可能就是这所驾校企业文化的核心。

4．经营成功点

在创办驾校前，每个老板的创业地点、创业领域、创业经历、创业背景千差万别，经营的成功点也是千差万别。但在创办了驾校后，所构成的企业文化出现了惊人的同质化现象：理念相同、广告语相同，就连社会承诺也相同。显然，这是没有在企业文化构建中下功夫所致，当然也就不会对企业的发展有太大的作用。而广州福华驾校却不同，这家过去做汽车销售的企业，在创办驾校后，把他们以往经验的成功点"让客户的传播力和品牌的辐射力最大化"的经营理念和"坚守核心业务的领跑地位"的企业使命作为驾校的核心价值观，使福华驾校与其他驾校有了明显的差别，企业文化已成为福华驾校健康发展的推动力。

5. 领导魅力点

一个优秀的领导者，除了具有良好的领导能力外，出色的与众不同的领导魅力也是必不可少的，真正的领导能力来自让人钦佩的领导魅力。领导者的魅力，是一种非凡的品质，具有极强的吸引力。其构成因素主要有人格魅力、学识魅力、工作魅力和形象魅力等。它在领导工作中起到了极大的作用，能够发挥非权力因素的影响和作用，但是如果运用不好，就会有很大的消极作用。

河北石家庄蓝天驾校的李书桥董事长拥有"全国拥军爱民模范""全国五一劳动英模"等荣誉称号，他国学功底深厚，做事稳重，推崇和谐，性格上很有亲和力。这些特质构成了他人格的魅力。石家庄蓝天驾校的企业文化，也处处体现着李书桥董事长的这种魅力。

6. 员工共识点

企业核心价值观必须成为全体员工的共识才有力量，仅有少数人形成共识是无法成为核心竞争力的。这种共识的形成，有两种情况：一是已经在管理经营企业的实践中逐渐形成共识，养成习惯，而后被总结提炼出来；另一种是先总结提炼出来，后经过不断的灌输教育，并辅助以规章制度强制而成为共识。

二、企业文化的实施

我最早产生要到石家庄利安驾校参观考察的动机，是源于在网络上看到的利安驾校的一句广告词：让智者不祸，让学者无忧。继而又在由河北省机动车驾驶员培训行业协会编印的《河北省首届机动车驾驶员培训行业发展论坛论文集》中看到了利安驾校董事长马宏先生撰写的一篇文化特色鲜明的治校体会。

"利安"驾校取名的含义是：利人者己安。校训是：用品质塑造利安文化，用责任铸造利安诚信，用艰辛打造利安速度，用知识创造利安未来。办学理念是：视学员为手足，视学员为生命。这些理念无疑都很精彩，也很恰当，无需我来诠释，因为诠释的权威者只能是"利安人"，而最有力的诠释是在工作中用实际行动诠释。

在座谈中，我向马宏董事长提问："许多驾校也有很好的文化，但就是落不了地，请问贵校的文化是如何塑造和宣贯的？"

马宏回答："企业文化不是说出来的，而是做出来的。'利安'的企业文化自制订出来后，我们一点一点地做，持续地做，每年都在做。为了'让智者不祸，让学者无忧'这一理念落实到教学中，我们重新修改了《学员手册》，植入了'七个安全驾驶的习惯'，称之为'七颗星'，第一颗星就是上车要系安全带。每天学员看着'七颗星'练车，教练员看着'七颗星'执教，安全驾驶的习惯也就养成了。《学员手册》可谓是小本本，大文化。"马宏在解释"利人者己安"的含义时又说："如果我们不好好地训练学员，说不定我们出去遇到事故被撞，而撞我们的那个人很有可能就是我们的学员。"

石家庄利安驾校的实践告诉我们：企业文化固然重要，但只有落地的企业文化才是"有用"的。只有"落地"，才能实现企业文化的内化于心、外化于行、固化于制、显化于物的作用，进而为企业带来和谐的氛围、高效的团队、规范的行为、理想的业绩和良好的口碑。然而，如何才能使企业文化落地呢？下列五种方式可供借鉴：

1. 培训的导向作用——灌输文化

孔子为了传播儒家思想，广收门徒，开坛布道，使得儒家思想名满天下。同样，企业文化理念要全员认知，也要反复讲、反复学，做好员工的培训。培训就是讲、听、学、习的过程，它是企业文化落地的必要手段。通过培训，可以提高员工认识，启迪员工思想，陶冶员工情操，规范员工行为；通过培训，可以使企业文化理念入心、入脑、入模子。在联想集团，新员工入职后，先要"入模子"。"入模子"是指联想把自己的文化打造成一个坚硬的模子，进入联想的职工必须进到联想的模子里来，凝聚联想的理想、目标、精神、情操、行为所要求的状态，能够按着联想所要求的行为规范做事。

2. 领导的带头作用——践行文化

俗话说："喊破嗓子，不如做出样子。"企业主要领导者的观念行为不仅决定企业文化形式，而且也对企业文化实施产生重要影响。他们是企业文化的设计者，文化理念的形成离不开他们的总结、归纳和加工；他们是企业文化的倡导者，驾校的主要领导不应满足于一般性号召，不只是通过文告和集会向员工倡导，而是要利用一切机会，例如号召、呼吁、忠告、提醒、指点、暗示等，通过一切手段去倡导企业文化；他们是企业文化的示范者，建设企业文化，要求管理者成为员工的示范者、认同的对象和模仿的榜样，对本企业的价值理念确信不移，信守不渝，诚心诚意地贯彻执行，凡是号召员工做的，自己首先做到，凡是不让员工做的，自己首先不做，处处带好头，事事做表率；他们是企业文化的培育者，决策者要舍得教育投资，不仅要投资技术教育，而且还要投资文化教育，在员工文化培训方面要舍得花钱。

3. 典型的示范作用——引领文化

一提王进喜，大家马上想到大庆油田，想到"铁人精神"；一提张秉贵,大家马上想到王府井百货大楼,想到"一抓准""一团火";一提许振超,大家马上想到青岛港,想到"练绝活""新时期产业工人的榜样"。王进喜、张秉贵、许振超都是在企业创业发展历程中涌现出来的一些典型人物,他们的先进事迹教育了一代又一代人。在企业文化建设中,抓典型、树样板,用典型人物的故事来打动大众、带动大众,往往能收到不小的成效。

4. 环境的熏陶作用——塑造文化

文化是一种影响,文化是一种情怀,文化是一种力量。熏陶是一种被思想、品行、习惯所濡染而渐进的同化。马克思曾经说过:"人创造环境,同样环境也创造人。"山东沂水铭泽驾校的企业文化就是通过环境的营造来熏陶员工,从而达到了企业文化落地的效果。

每面墙壁都说话　室内室外皆文化

在铭泽驾校校园里,扑面而来的浓浓的文化气息,让人感受到一种力量的强大存在。进入学校大门,迎面是制作精美的文化长廊,彩虹门上醒目地镶嵌着学校的核心经营理念:内强管理,外树品牌,规范教学,优质服务。长廊两侧的20多块不锈钢展板上,有"安全文化""汽车文化""部令文化""校园文化"等板块。"安全文化"板块有事故案例、驾驶技巧、温情提醒等内容;"汽车文化"板块有车言车语、标志大全、汽车发展史、幽默笑话等。这些内容由全校工作人员编摘制作,贴近生活,深入浅出,让人在轻松的阅读中获益。

每面墙壁都说话,室内室外皆文化,是铭泽驾校的一大亮点。无论是学校的大门口、院墙、办公区,还是训练场、停车场,目之所及全是醒目的标语口号,堪称驾校的标语文化大全。这些口号分门别类,构思奇巧,内容新颖,体现了管理者的良苦用心和智慧。例如针对教练员的警句:"'教'的是别人,'练'的是自己""没有学不会的学员,只有不会教的教练""再烦别忘了微笑,再急也要注意语气";安全行车警句:"行车要礼让,路口多张望,夜行勤变灯,车距要适中""关注安全点点滴滴不马虎,珍惜生命分分秒秒保平安";再如驾校自勉信条:"强化服务质量,训练过硬技术,培养合格人才""铭泽是成功的起点,驾校是希望的摇篮""爱岗敬业,诚实守信,服务学员,奉献社会"……这些富含哲理的格言警句,遍布学校的每一个角落。粗略统计,铭泽驾校的标语文化墙面积已达几千平方米,铺天盖地的标语文化使校园文化得到了广泛传播。

5. 制度的强制作用——规范文化

老板打天下,制度定江山。俗话说:"没有规矩,不成方圆。"对于企业来说,规章制度是"规"和"矩",有了良好的制度,企业才能成"方"成"圆"。制度是怎么产生的呢?企业制度建设要以企业文化核心理念为指引建立健全,反过来企业制度又对企业文化有规范作用。任何一个企业,不管它的规模如何,属于哪种类型,都有两种力量影响着员工的行为——制度和文化。这两个因素从不同的层面影响企业员工的行为及结果,二者相互配合,缺一不可。而制度最终服务于企业文化,制度是企业文化的外在表现形式,企业文化是制度的灵魂。

第九章

国外篇

"让行，是规则，是习惯，是心态，更是道德。这一切是在训练中养成的，是在考试中强化的，是在社会的监督中变成自觉的。让的结果，车让车，让出一份秩序；车让人，让出一份文明；人让人，让出一份友爱。"这是我在考察英国道路交通状况后的体会。"他山之石，可以攻玉。"英国、日本、德国等国家先进的培训理念和做法，无疑会对我们有许多有益的启发。

第一节
英国汽车驾驶培训

一、考驾照难，难于考托福

我女儿在英国南安普顿大学读研快要结束时，邀请我们去探亲旅游。开始，我没计划去，打算让她妈妈一人去；后来，我在网络上看到了一篇报道说：英国被称为驾照考试最难的国家，这篇文章使我改变了主意，于是我去英国进行了半个月的探亲和考察活动。在南安普顿，我考察了英国最著名的连锁驾校 BSM，在伦敦泰晤士河畔的咖啡馆与既是校长也是教练员的莫妮卡进行了长时间的业务交流，在留学生公寓里与刚刚取得英国驾照的华人王博士多次了解学车的经历和感受，加之从网络上搜集的资料和道路上的实地观察，从而初步形成了我对英国学车考驾照的大体印象。

英国没有身份证，只有出生证明，在英国，驾照就相当于我们的身份证。英国的驾照首次考试合格率仅为 40% 左右。

王博士在英国学习工作了 7 年，已取得长期居留权，现在南安普顿大学留校从事研究工作，也是女儿在英国读书入住公寓的"家长"。王博士考了三次，才拿到驾照，而他在众多拿英国驾照的中国留学生中还是属于拿照顺利的。王先生办理了临时驾照，考试前请专业教练训练了20个小时，之后，与朋友一起又训练了30多个小时。王博士第一次路考不合格的原因，是考了一圈回到起点，入库压到了库线；第二次则是因为有一行人突然步入人行横道，王博士反应不及时，紧急制动后，车头超过停止线半米。与王博士在一个实验室工作的一位英国女士，考了七次才拿到驾照。开始大家还问问落考的原因，考试的次数多了，这位女士也不再让大家问了，直到拿到驾照庆贺之时，这位女士才说了考试的次数。许多考驾照的留学生感叹道：考驾照难，难于考托福！

据新华社驻伦敦分社记者江亚平报道：一些有长期驾龄的中国专业驾驶人因工作需要到中国驻英国机构开车，结果多次考试都失败了，只好灰溜溜地打道回府。而新华社驻伦敦分社记者中考了三四次才通过的也大有人在。有位考了三次还未通过的朋友对江亚平说，考英国驾照比考托福还难。江亚平是在开罗考的驾照，在南斯拉夫开过车，有着4年的驾龄，到英国后又请了专门教练进行了训练，考试前又提前在考试线路上进行了一个小时的适应性练习。在他认为应该是万无一失的情况下，首次考试还是以失败告终。其原因是有3处失误，分别是：①在十字路口前停车等绿灯时与前面一辆车的距离太近了，不足1m；②在小巷里行驶时没尽量贴左边，而是在中间跑；③转弯时减速提前量不够。江亚平感叹道："这3个失误中只要有一个就不及格，何况我有3个呢，考官没让我半道上返回考场已经算是给我这个外国人面子了。"

在英国考驾照难的典型例子当属来自英国锡德茅斯的女记者麦卡锡，麦卡锡从17岁时开始学习驾驶，直到40岁时才考取驾照。其中的23年间，麦卡锡共上了250节驾驶辅导课，先后换了9位教练，总花费为2000~3000英镑。麦卡锡根据自己23年来累积的考驾照经验写了一本书，名为《女士驾车指南》。麦卡锡认为学习驾驶最重要的一点是选择一名好教练。书中，麦卡锡还对一些所谓的考试"潜规则"予以批判："在我学车的过程中，我听说了许多考试'潜规则'，例如如果考生遇到脾气暴躁的考官肯定无法通过；年纪越大，通过考试的难度越大；穿超短裙的女孩更易通过考试等。事实上，一些考试'潜规则'并不存在，我写《女士驾车指南》的目的之一，就是揭穿这些说法的荒诞。"

二、中英驾照考试——不同的方式、不同的效果

在英国考取驾照也要通过理论考试和实际驾驶考试，这与我国是相同的。所不同的是，在英国申请者可以通过网上预约的方式进行报名，考试时间的选择权在自己手里，可任意挑选考试日期。这与在我国学车者必须等待车管所和驾校的安排大不相同。

英国驾照理论考试不仅要考交通规则，还要测试危险情况反应力。英国驾照的理论考试分为两个部分：第一部分与我国相同，即从理论题库任意选取一张卷子，进行选择题测试，理论测验考35道试题，30道准确算是通过；第二部分则是我国所没有的，即通过模拟驾驶进行危险情况的反应力测试。所谓危险情况反应力测试，就是指在计算机播放模拟驾驶的14个录像片段中，找出15个潜在的危险并用鼠标做出正确的反应，而计算机则会为你所做反应从时间、精确度等方面进行打分，每道题的分值从5分到0分，时间越快、越准确，分数就会越高。这项测试的满分为75分，达到44分以上方能合格。要通过危险情况反应力测试，就要不断地模拟练习。而这种练习，又很接近实际交通状况。通过练习，早观察、早发现、早处置的安全意识便

在不知不觉的潜移默化中得到了强化。在英国期间，我买了两套不同版本的危险情况反应测试光盘。在王博士的指导下，我第一次测试得了 55 分，算是过关了。

英国的驾照路考不仅要考驾驶人是否能熟练地驾车，更要考是否能安全地驾车。正式路考之前，先进行视力测试和机械常识测试。路考的第一项，是要打开车辆的发动机舱盖，回答考官几个简单的问题。有位男学员，打开了发动机舱盖就再也关不上了，还没上路就被"废"掉了。有位女学员，考官一上车就看到车子仪表板上有个警告灯是亮的，就问她是怎么回事。女学员答："哦，没事，修车厂说配件没到（在英国，路考可以用自己的车）。"考官直接让其下车。

英国正式路考的时间一般为 45 分钟，在这个时间段，考官会对驾驶人的动作、观察和反应力等各方面进行考察。一般会考一次坡起，三四次靠边停车，两三个环岛。慢动作操作一般会考侧方位停车、倒车入库、马路上掉头等，紧急停车一般都会考到。每次考试之中所允许犯的小错误次数为 15 次，但相同的小错误累计三次就会被算作一次大错误。如果考试中出现一次大错误，整个考试就会被判为不合格。每个考官每天最多只允许考八名考生。

那么什么是大错误呢？在任何情况下，车轮或者车身碰到路面以外的任何东西（最常见的是倒车进车位和在很窄的路上掉头的时候车轮蹭到路沿）；转弯、靠边停车如果不打转向灯、打错转向灯，或者打灯以后停好了没有及时关灯也算是大错误；让行失败，就是说你不能让不需要让行的车或者人改变原先的计划；盲点检查失败，起步时必须要转过头看两侧后窗，如果忘了看就是大错误；坡起，如果车辆溜坡，当然算大错误；倒车时，必须转过头看后窗，否则算大错误；进环岛时让了不该让的来车，有空间可以进却没有及时进去，出环岛时不打转向灯，算大错误。

小错就更多了，大多是一般驾驶人很少注意到的要求。例如，转方向盘，任何一个手都不能转过方向盘上方的正中点，手只能转到中点，然后另一只手去接；换档稍有不顺畅的感觉就算是小错误；打转向灯前，必须先看镜子，少看一次镜子就算一个小错误；踩制动踏板减速时，必须先看中间的反光镜，如果不看，也算是小错误；稍许超速算小错，可是速度太慢也是小错……

考试既是把关，也是导向。英国考驾照考的是驾驶人的安全意识、经验和反应，对车辆的控制能力倒在其次，而中国正好相反。这样，很多新驾驶人考出驾照后上路，就非常自信了，完全不像我们领取驾照上路时还战战兢兢的。

英国每年死于交通事故的人数在5000人以下，1998年的死亡人数为3421人，比欧洲其他人口数相似国家的交通死亡人数要少得多。交通道路安全程度在欧洲居第二，仅次于瑞典。英国为什么能够成为世界上交通事故发生率最低的国家之一，为什么英国的驾驶人绝大多数都文明礼貌、谦让耐心，从其严格训练和考试的过程中，我们不难得出答案。

三、中英交通文明的差距："让"与"抢"

中英交通文明的差距是明显的，也是巨大的。这是现实，一个不能不承认的现实。

英国的道路都很窄，大部分城市道路都只有一来一往的两车道，而且两车道窄得不允许"第三车插足"，只有双车都尽量靠外行驶，才能保证车辆的正常通行。比起国内动辄四车道、六车道，相差甚远。但是，就是在这样的道路上，堵车的概率却比国内小得多。由此可见，窄与宽是相对的，堵车与驾驶人的道德法律意识以及习惯有直接的关系。

英国交通文明突出表现在一个"让"字上。英国人在开车时，让行的意识根深蒂固，主要表现在支道让主道和车辆让行人上。在英国的道路上，无论是大道还是小道，哪怕是在停车场上，都有主道和支道之分，在支道与主道的结合位置上，都有让行的明显标志：两道白色的虚线，外加一个白色倒三角形。每当有车过来，哪怕主道上没有车辆行驶，支道上的车都会提前减速、停车，向右观察后，再提速迅速通过。

让行，是道德，是规则，是习惯，也是心态。这一切，是在训练中养成的，是在考试中强化的，是在社会的监督中变成自觉的。让的结果，车让车，让出一份秩序；车让人，让出一份文明；人让人，让出一份友爱。

国人开车怎一个"抢"字了得？我们经常可以看到，在黄灯闪烁时，许多车辆争分夺秒、奋不顾身地加速而过；在十字路口，四辆车互不相让，堵成一个"俄罗斯方块"，谁也走不成；在稍微堵车时，寸土必争、毫厘不让，最后堵成"死疙瘩"。如此等等，司空见惯。抢的结果，却适得其反，没有抢出速度，反而抢出了堵车，抢出了事故，抢出了一肚子的气，抢出了全球交通事故总量和交通事故死亡总人数两个第一。路越抢越窄，速度越抢越慢，心情越抢越差。

只顾自己，不顾他人，就是地狱；想着别人，互相帮助，就是天堂。关照他人，在构建和谐交通中，让行是多么的重要啊！

四、"马路驾校"怎样培养出"马路绅士"

中英机动车驾驶培训有许多区别，最大的区别是，英国的驾校没有专门的训练场，所有的训练都是在道路上完成的。因此，可以说英国的驾校都是

驾校经营方略 第2版

"马路驾校"。还有一个区别是，训练既可用驾校与教练员的车，也可以用自己的车，驾校与教练员的车都带有副制动踏板、副离合器踏板装置，自己的车没有也可以练习，但必须要有一个21岁以上，且至少持有三年驾照的人坐在副驾驶的座位上，而且是要在办理了临时驾照并且在车上贴上至少两个红色的"L"标识（Learner）才可以。

英国驾校有两种：一种是有办公报名场所的驾校，但场所也就几十平方米，同我们普通驾校的一个报名门店大小差不多。这种驾校往往是全国连锁的，在英国比较著名的有BSM和AA驾校。驾校有自己签约的教练员，也有挂靠的教练员。另一种驾校就是教练员自己当校长的驾校，一个有教练证的人，一辆经改装的教练车，自己的家就是办公地，不用经过很多部门的批准，只进行简单的公司注册就是一个合法的驾校。我在后面介绍的莫妮卡教练就属于这一种。

英国的机动车驾驶教练员的含金量非常高。考出一个教练员至少要花费五千英镑（五万多元人民币）和九个月的时间。英国规定，要当教练员首先要办实习证，实习期不少于六个月，实习期内，你可以到专门的既培训学员也培训教练员的驾校去学习，可以租驾校的车训练学员，也可以找有资格的老教练员学习，学费都不会少于五千英镑。六个月后要进行一次结业考试，还要再交120镑的考试费，然后再进行为期三个月的考察。考察期，考官还要做一次实际教学考试，考试合格，才发教练员证。英国的教练员执教后，培训学员的费用是按小时计算和收取的，一般每小时收取20镑，好的教练会比差的教练每小时收费高出5镑，达到25镑或30镑。在BSM驾校模拟器上训练，每小时的收费是15镑。绝大部分教练员的学员是自己招的，分配学员的驾校很少。

英国的教练员在培训学员时，会把法规意识和安全意识当作首要任务。《英国道路交通法》规定：在道路上鲁莽驾驶，是有罪行为；粗心与轻率驾驶，即在道路上驾驶机动车不多加小心，或不集中精力顾及其他道路使用者，是有罪行为；饮酒或药物影响下的驾驶或照管机动车，是有罪行为。

在英国生活的人，其交通违法及停车违法情况会被记入个人信用存档，作为各方面评判其个人信用的依据之一，甚至在英国生活的外国人延长签证时，行车和停车违章记录也将纳入签证发放单位的考虑范围之内。英国保险公司对发生严重车祸或多次出事的车辆会大幅增加保险费用。因此，教练员在教导学员时，常用的一句话就是"驾驶人必须牢牢树立的观念就是安全。遵守交通规则就是爱惜生命——你和他人的生命"。

英国的教练员在训练学员时，也有一些"应试"的成分，例如教练员会告诉学员：考官下达指令后，你的动作可以大一点、夸张一点，也会在考试之前带学员到可能考试路线上去模拟训练。除此之外，绝大部分是进行素质培训、养成教学，一切从实际驾驶、安全驾驶出发。

在英国的半个月中，从南到北，从西到东，我去了七八个城市。这么长的时间，这么多的地方，我没有听到过汽车喇叭的响声，没看到一次汽车事故现场（仅在高速上看到一辆被托运的事故车），只看到了一次违规罚款，总体感觉是英国人开车很"绅士"。

五、莫妮卡——一个以驾培为事业的女教练

在伦敦格林威治天文台旁泰晤士河岸边，我与一位英国驾校的校长进行了会面。

出人意料的是来会面的校长是一位女士，名字叫莫妮卡。莫妮卡给我

的第一印象：这是一个充满活力的运动型的快人快语的职业女性。简单寒暄后，我们便进入了正题，三个多小时在我们一个问题接着一个问题的互相提问中不知不觉地过去了。通过交谈，莫妮卡的经历与驾培理念在我的脑海中初步形成。

莫妮卡出生在波兰的卢布林，人生的座右铭是真实、诚恳和公平。在她很小的时候，驾驶就已经成为她生活中不可缺少的一个部分。12岁时，她父亲就教她开车，她喜欢骑马和摩托车场地比赛。1986年春天，她搬到英国，在接下来的20年里，她在伦敦结婚生子，在一家电器公司有了一份固定的工作。但是，就在过去的几年里，她忽然意识到这并不是她的理想和未来。于是，她决定要去做一名驾驶教练员，她感到教别人开车要比教一个80多岁的老太太使用VCD机要有趣得多。

她的教练员生涯，最初几年曾经和几个比较知名的驾校合作过，因为在教学理念和思路上的差异，她离开这些驾校，决定独自开创自己的事业。从此，就有了属于她自己的驾校。

莫妮卡认为，在教学中与学生进行交流与沟通是教学中最重要的一个环节。英国是一个多元化社会，她的学生有着不同的文化背景、教育背景和社会背景，如何在了解他们的文化和心理特点的基础上制订适合他们的教学方案是非常重要的。莫妮卡的学员中，女学员占了多数，她认为女性学习驾驶是妇女解放的标志。她对这些结了婚之后放弃了自己事业而为家庭终日忙碌的家庭主妇们，在训练中除了有足够的耐心之外，更重要的是不断给她们以鼓励，让她们在思想上暂时挣脱家庭的束缚，追求一片属于自己的自由、独立而且更多姿多彩的生活。

莫妮卡在教学中感受到了知识的重要性，她计划在不久的将来重回学校学习教育心理学，深造后再重新执教。

第二节

日本汽车驾驶培训

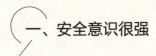
一、安全意识很强

　　日本交通事故率很低的原因在于日本国民的安全意识。日本的驾校对国民的安全意识培养起着重要的作用。日本的驾驶人培训一般是通过驾校完成的。学员报名后，可根据自己的空闲时间去接受各科目的培训。其中有一课是危险预测，就是针对某一场景，从不同的角度去思考有可能出现的危险。不管你是驾驶人还是行人，面对每时每刻都在变换的场景，就会自然地去思考有可能出现的危险，以此去指导行动，培养安全意识。理论考试合格后，学员要参加场内驾车训练。同样，学员可以在自己的空闲时间去接受每天最多两个小时的场内驾驶训练。有的训练项目有先后次序，例如：车辆起动前，必须先看清两侧镜及后视镜；车辆行驶过程中的转弯、变更车道、制动前等，都必须看"三镜"，这就是安全意识的具体落实。场内训练结束后，便可以参加场内考试，场内考试最注重的就是安全意识。考试采用扣分制，安全不确认一次，将被扣5～10分，80分以下即不合格。

　　驾校专门开设了一堂课，由资深教练利用橡胶模特讲授如何做人工呼吸和心肺复苏方法。掌握这些知识，既有助于在紧急情况下救死扶伤，也可加深学员对"生命只在呼吸间"的理解。可能得益于学车阶段的人性化教育，日本的有车一族似乎格外懂得尊重生命。许多人都认为，开车造成了人身事故，即使能够支付高额赔偿，也难免会背上沉重的心灵"债务"，一生良心不安，所以必须慎之又慎。在日本学开车，听得最多的四个字是"安全确认"，这也自然成为学员日后驾车上路的宝贵"心经"。

二、心理测试很细

在中国，只要通过了驾驶技能和交通法规考试，就可以获得机动车驾驶证。而在日本，当你为了考取驾照而进入驾校之后，你会发现，自己首先要通过的是性格诊断和驾驶适应性检查。这是根据日本心理学研究的成果而设立的一项专门检查，为的是让驾校老师能够把握每个学生的特点而因材施教。

这个检查是利用一些类似于智力测验的试题来考察学员的性格特征和行动模式，题目非常有趣，例如看图选项，给你一个毫无规律的图形让你选择它看起来最像什么；还有书写题，在规定时间内尽可能又快又好地书写某个英文字母。而凭借这一系列趣味横生的问题，心理学提供的成果就可以确定你的性格特征、社会成熟度、心理健康程度和运动能力，并将学员的性格特征和运动能力分为五个等级进行打分。

这个检查非常具有趣味性，而结果也非常准确。但是，无论你被判定为哪一级，都不影响此后的驾驶学习，只是教练员会根据每个人的心理和行为模式弱点在某些方面给予一些特别的叮嘱，并在每个人的弱项上进行强化教学。

正如日本驾校教练员所强调的，交通事故与其说与驾驶技术有关，不如说与心理状态更有关联性，在驾照考试中加入心理测验，是非常科学而且非常有必要的。

三、服务意识很浓

从表面上看，要说日本驾校硬件如何，还真难以列举出其别具一格之处。场地、教练车等，全世界恐怕都大同小异。但是，论抓学员心理、认真负责、谦恭和善，日本教练明显高出一筹。每到上课之时，身着制服的数十名教练早已等候在教练车旁，学员们陆陆续续对号寻车，在学员上车之前，教练是绝对不会先钻进车内的。一般情况下，教练员先在车外与学员互通姓名，互致问候，然后打开副驾驶座车门，将学员请进车内，自己才坐到驾驶人座位上，简单讲述本课时将要练习的内容，并做示范之后，与学员交换位置。在日本的驾校内，学员与教练的关系与一般学校的师生关系有很大不同。一般学校里，教师对学生往往较为严厉，满脸威严，学生服服帖帖，而驾校内的气氛更接近商场，教练像一名优秀的服务员，学员则是付过款的顾客。八王子市国际驾校有一条规定，学员可以指名选择教练，可以拒绝讨厌的教练。这无疑给在此供职的教练造成一种心理压力。大概没有任何一位教练愿意背上"令人讨厌"的黑锅，因此该驾校教练一个个行为检点，向学员索取贿赂等恐怕压根就未曾想过。相反，教练时常表现出取悦学员的态度。

由于人口持续下降，日本驾校之间的竞争也日益激烈。据一家驾校的校长表示，过去20年间，学车人数减少了一半多，但驾校数量没有减少多少。她认为价格竞争的空间很小，所以要通过更优质的服务来吸引学员。日本的驾校学员中往往也是女性居多，而这些女学员中相当比例的是专职太太，因此许多驾校把女性作为重点服务对象，推出了一些培训驾驶以外专门针对女学员的特色服务，例如修剪指甲、按摩、代看小孩等额外服务项目。

在东京，有一所以中国留学生为主要培训对象的永安驾校，除了用华语教课外，还给中国留学生额外提供许多增值服务，例如介绍工作、换证咨询、搬家、代卖二手车等，这些服务都是免费的。

四、培训要求很严

驾校课程分成校内和上路两个阶段。每个阶段都分学科课程（教材）和技术课程（上车）两部分。校内阶段必须完成一定课时，并且通过驾校组织的知识测验和技术考核后才能进入第二阶段上路学习。第二阶段结束后依然是知识测验和技术考核。待全部合格后，才能拿到毕业证书。通常，第一阶段通过率为70%左右，第二阶段通过率不到50%。外国学生的合格率就更低了。没通过的，必须根据老师要求补课，重新考核。凭驾校的毕业证书，学生在1年内去东京都公共安全委员会指定的驾驶试验场考一下交规，如果合格，就能拿到日本驾照了。

驾校考勤很严。每次上课前，学员都要先拿存有个人信息的磁卡刷卡，卡上显示出当天课时的内容。如果是学科课程，就显示课程和教室编号；如果是技术课程，则显示课程数和练习车的车号，一目了然。另外，有一个档案本，上课前由老师收走，下课时由老师盖上印章、标明日期后归还。

学科课程通常是看一段录像，然后由老师结合录像讲解交通规则、安全知识等内容。上课过程中总是一名老师在黑板前讲课，一名老师在后头"把门"，防止学生"溜号"。如果你打起了瞌睡，他会和蔼可亲地上前问你："你没事吧？你可以听课吗？"

日本汽车很多，马路又窄，政府高度重视交通安全。每个派出所门口都挂有牌子写着当天发生交通事故多少起，死亡多少人，受伤多少人，提醒大家注意。驾校的成立需要经过严格审批，加上竞争激烈，因此东京的驾校大多是"老字号"。

第三节
其他国家汽车驾驶培训

一、德国驾驶培训回炉制度使得人人成为最佳驾驶人

德国之所以成为一个汽车强国，不仅因为其拥有奔驰、宝马、奥迪和大众这些强大的汽车制造商，更在于其拥有更为成熟的汽车文化和社会，也就是说，整个汽车社会以及产业链的各个环节都得到健康发展和相互支撑。

德国驾驶员培训学校是驾驶员们最难忘怀的地方，并且也是对德国交通安全作出最大贡献的地方。德国驾校和中国驾校有四大不同：一是想从德国驾校毕业非常不容易，不仅花费将近2万元人民币，而且培训时间最长的可能达到3年。二是尽管审核严格，但德国驾校普遍规模小、人手少。在德国，集校长和教练于一身、总共只有一名员工的驾校非常多。一家名叫博格的慕尼黑驾校总共只有4名员工，但是驾校校长自称已经是德国中等偏上规模的驾校了。三是在德国上驾校，一辆教学用车上只会有一名学员，也就是一对一教学。四是德国驾校也没有训练场地，哪怕从来没有摸过车的人报名学车，第一天就是在教练员陪同下把汽车开上大街。

在德国，考驾照通常都是要到 18 周岁。不过，一般乘用车驾照（即 B 照）可以 17 周岁就去考，但拿到驾照后，开车时必须由成年人陪同，直到年满 18 周岁。通常，必须是考了较低级别的驾照才能考更高级别的，但 B 照和 C 照是可以同时考的。C 照（即货车驾照）必须满 18 周岁才能考。如果满 18 周岁拿到 C 照的话，可以开货车，但此时还不能开货车去运货赚钱，直到年满 21 周岁才可以。另外，对于拿到 C 照的人，每 5 年必须回到驾校再学习 5 天。这 5 天可以是不连续的，也可以是连续 5 天。

德国学员从驾校出来拿到驾照的两年时间里属于实习期，在这两年时间里，一旦有一次违法或事故，就必须回到驾校去回炉。如果是一般的违法，需要重新回到驾校重新考试。如果是严重事故，驾照将被吊销一年，需一年后再去驾校学习并通过考试拿驾照；然后，从拿到驾照开始的两年内仍然是实习期。只有通过了这样的两年实习期，才算是正式驾驶人了。作为正式驾驶人，如果一年的扣分达到 12 分，就得回到驾校重新学习了；如果一年的扣分达到 18 分，就必须回到驾校回炉。

德国的手机禁令也适用于正在上实践课的驾校教师。根据德国法律规定，驾车者在开车时不得打手机，除非使用免提装置。但驾校教练员在指导学员驾驶时，是否也受这条禁令的限制呢？一名驾校教练员和警方间产生了争议，最后驾校教练员上诉法院，要求宪法法官对此作出裁决。这名驾校教练员在指导一名女学员驾车时接听手机，被警察发现并被罚款。驾校教练员称，自己只是坐在副驾驶的座位上，因此不受手机禁令的限制。卡尔斯鲁厄的宪法法官认为，驾校教练员虽然坐在副驾驶座位上，却是承担责任的车辆驾驶人，因此应该和驾车者一样对待，为此，手机禁令也同样适用于并没有掌握方向盘的驾校教练员。

二、美国成人学驾驶首先要参加"防毒品和酗酒学习班"

美国是一个车轮上的国家,大部分州规定16周岁以上的人就可以学开车,一些规模较大的中学里就有驾驶培训中心。尽管驾驶培训是自选课,但由于汽车在美国是不可缺少的代步工具,一般学生都会选这门课。中学生一般培训30小时,其中上车6小时,其余为理论课及交通法规课程。在美国,学开车手续简便,全部花费只需约40美元即可获得正式驾驶证。美国大多数州的交通运输部门下设车辆管理部门,负责汽车安全检验、车牌核发和驾驶人培训、考核、发证。在驾驶人管理方面,联邦政府和州政府各有分工,联邦政府运输部门主要负责对职业驾驶人的管理,制定、发布对大型货车、大型客车驾驶员的管理法规,州政府运输局则负责管理小型汽车驾驶人,并制定相应规定,例如18周岁以下未成年人驾驶汽车只限于在白天驾驶等。在美国,成年人学习驾驶则要麻烦得多,其中比未成年人增加了要参加"防毒品和酗酒学习班"的内容。

三、新加坡路考中考官会设置很多陷阱

比起美国的驾照考试,新加坡的驾照考试就要显得严苛多了。

首先,每名学员都要经过两次理论考试,先是基本理论考试,50道选择题,错5道就不合格了。考试内容比较简单,主要包括手势、符号等。不过,接下来高级理论考试难度就会增加不少,通过率也会比较低。只有通过这两项测试以后,学员才会取得一张临时驾照,有资格去摸方向盘。

在新加坡，学车教练和学员都是一对一的，学员有一种贵宾待遇的感觉。每名学员至少要学满 25 节课，每节课两个小时。在实践中，很多新加坡人都说要上 30 节左右的课程才有机会参加考试。这些课程都是按次收费的，价格不菲，每节课大概 400 元人民币左右。因此，光练习学车的费用就已经超过了 1 万元人民币，几十节下来以后才可以报名路考。

场外考试，也就是我们说的路考，则是被安排在交通相对繁忙的地段，因为这些地段会有各种突发情况，可以增加考试难度。而同车考官正是新加坡当地的交警。有报道说，这些考官不但对于驾驶技术要求非常高，而且会在测试中特别设置很多的陷阱，例如故意跟驾驶人天南地北地聊天，如果考生真的聊得投入了，也会被判为不合格。因为考试标准高，所以在新加坡路考通过率非常低，很少有人能够一次性通过，大部分人都要两三次才有机会拿到驾驶证。

在新加坡考驾照的费用也是非常昂贵，所有流程加起来基本要在 15000 元人民币以上，而且需要将近一年的时间，因此在新加坡考驾照，连本地人都说是一场费时、费力又费钱的事。

附 录

南新华驾校经营管理咨询团队
培训班简介

1. "王牌教练员培训营"——每期八天,培训采取封闭式,淘汰制,培训对象为新老教练员,可以零星参加,建议集体报名,整体打造。

2. "驾校金牌客服培训班"——每期三天,理论联系实际,用经典案例、角色扮演、课堂讲授与演练辅导等方式为驾校客服主管及服务人员揭开驾校服务的真谛,从而有效地掌握驾校客服的核心技巧。

3. "驾校职业校长培训班"——以培养"五项全能"的职业校长为目的,旨在帮助驾校校长从管人、管事的琐碎事务堆里解脱出来,上升到建立体系、文化管理的层面。每期三天。

4. "驾校转型创新培训班"——此班的培训目的是解决驾校校长"老路走不通,新路不会走"的困惑,实现两个"回归",跨过四道"门槛",与时俱进,弯道超车。每期三天。

5. "驾校营销三十六计"——"战略篇"四讲、"战役篇"六讲、"战术篇"五讲。其中有招生之道,也有招生之术,而且术中有数,数中有术,环环相扣,系统立体,拿来能用,落地开花。小班开班,每期三天。

6. "驾校少帅培训班"——为驾校投资人的儿女倾情打造,小班开班,每期三天。分为"管理班"和"营销班"两个班型。由以往成功"上位"的"少帅"做助教。

7. "区县驾校携手共进合作共赢培训班"——这是一个由驾校投资人共同参加的培训,是一个结束恶性竞争促进和谐发展的培训,内容包括合作的背景、合作的方式、合作的难点、合作的前景等。每期一天。